话说偏旁有旁

刘克升 著

⑤ 动物卷

人民东方出版传媒
东方出版社

图书在版编目（CIP）数据

偏旁有话说 . 动物卷 / 刘克升著 . —北京：东方出版社，2024.10
ISBN 978-7-5207-3610-7

I. ①偏… II. ①刘… III. ①偏旁—儿童读物 IV. ① H122-49

中国国家版本馆CIP数据核字（2023）第163720号

偏旁有话说：动物卷
（PIANPANG YOUHUASHUO: DONGWU JUAN）

| 作　　者：刘克升 |
| 策　　划：王莉莉 |
| 责任编辑：赵　琳　张　伟 |
| 产品经理：赵　琳 |
| 出　　版：东方出版社 |
| 发　　行：人民东方出版传媒有限公司 |
| 地　　址：北京市东城区朝阳门内大街166号 |
| 邮　　编：100010 |
| 印　　刷：北京联兴盛业印刷股份有限公司 |
| 版　　次：2024年10月第1版 |
| 印　　次：2024年10月第1次印刷 |
| 印　　数：1—5000 |
| 开　　本：660毫米 × 960毫米　1/16 |
| 印　　张：11.75 |
| 字　　数：107千字 |
| 书　　号：ISBN 978-7-5207-3610-7 |
| 定　　价：210.00元（全六册） |
| 发行电话：（010）85924663　85924644　85924641 |

版权所有，违者必究
如有印装质量问题，我社负责调换，请拨打电话：（010）85924602　85924603

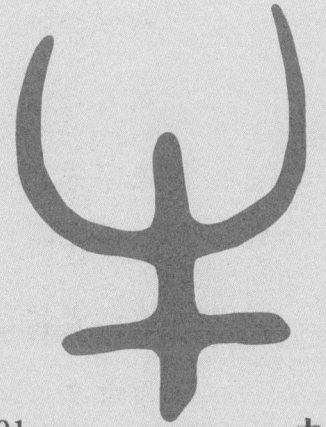

目 录

牛字旁 ○ 001　　　　虫字旁 ○ 047

名帖赏析 ○ 007　　　名帖赏析 ○ 052

羊字旁 ○ 008　　　　它字旁 ○ 053

名帖赏析 ○ 013　　　龙字旁 ○ 059

马字旁 ○ 014　　　　名帖赏析 ○ 064

豕字旁 ○ 020　　　　虎字旁 ○ 065

名帖赏析 ○ 026　　　虎字头 ○ 071

龛字头 ○ 027　　　　鹿字旁 ○ 076

犭字旁 ○ 031　　　　风字旁 ○ 082

反犬旁 ○ 036　　　　鸟字旁 ○ 087

豸字旁 ○ 041　　　　隹字旁 ○ 092

爪字旁 ○ 141

采字头 ○ 145

采字旁 ○ 150

肉字旁 ○ 155

肉月旁 ○ 160

黾字旁 ○ 165

鱼字旁 ○ 170

名帖赏析 ○ 175

鼠字旁 ○ 176

龟字旁 ○ 181

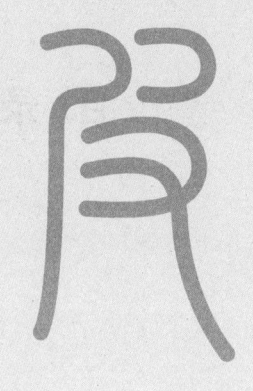

羽字旁 ○ 097

名帖赏析 ○ 103

非字旁 ○ 104

西字旁 ○ 109

皮字旁 ○ 114

革字旁 ○ 119

名帖赏析 ○ 124

毛字旁 ○ 125

名帖赏析 ○ 130

隶字旁 ○ 131

角字旁 ○ 135

名帖赏析 ○ 140

牛字旁

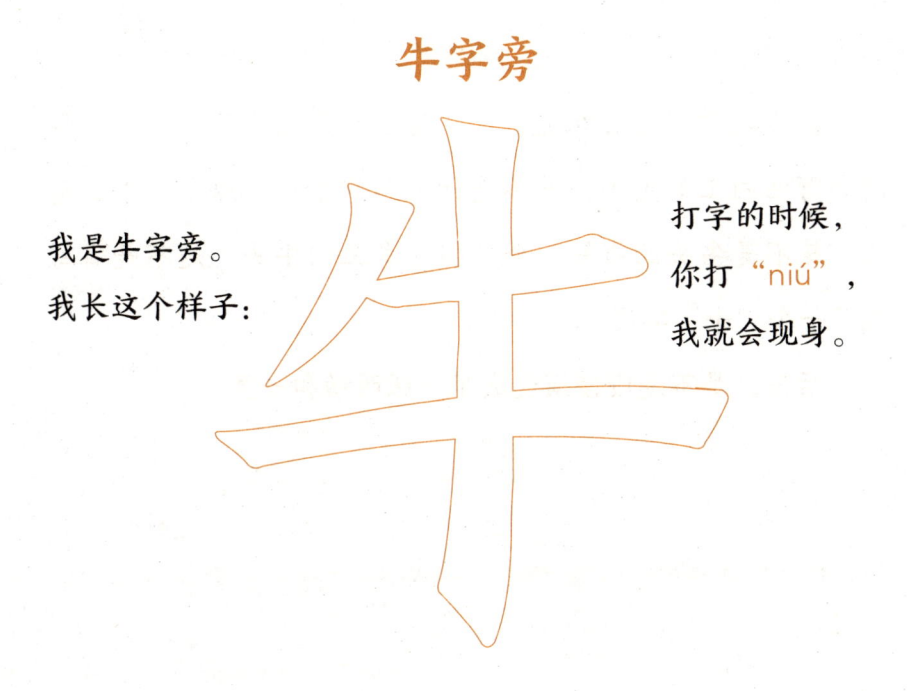

我是牛字旁。
我长这个样子：

牛

打字的时候，
你打"niú"，
我就会现身。

我的祖先很酷。它们长这个样子：

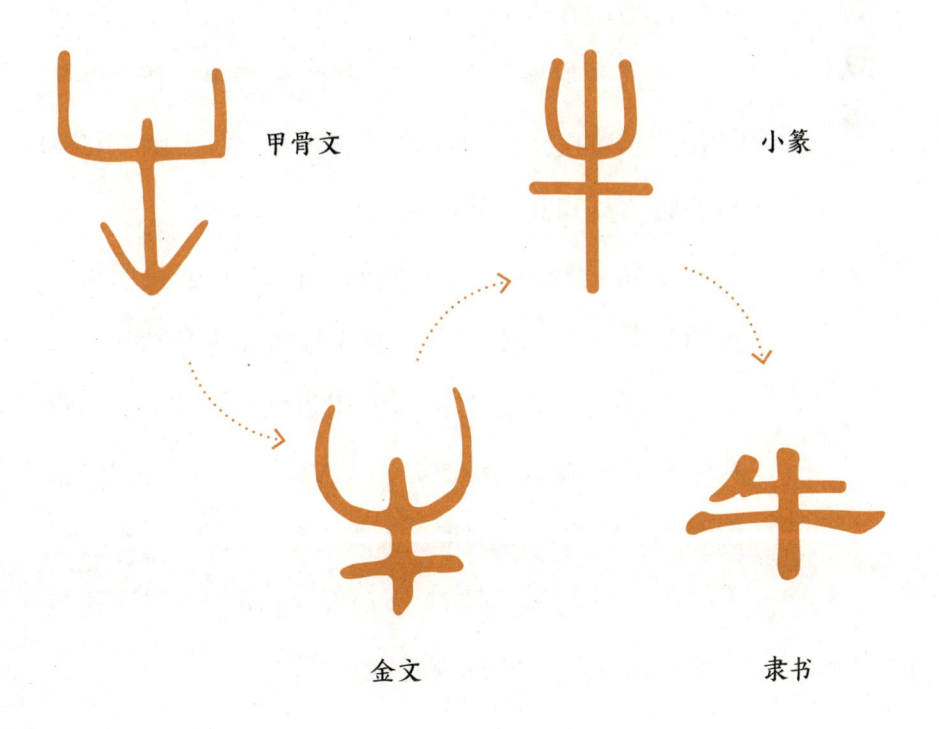

甲骨文

小篆

金文

隶书

你看我的甲骨文祖先，像不像生有弯曲牛角的牛头？那两个弯曲向上的笔画，是不是代表两只牛角？那个向下的箭头，是不是牛头的省写？金文祖先身上的牛头，是不是省写成了一个"十"字形？

后来，是不是慢慢演变成了一撇两横和一竖？

我的故事

我呀，其实就是那个"牛"字，最初的意思是牛这种动物。

我擅长耕地拉车，是人类的好帮手。传说写完《道德经》的老子，就是乘着青牛车，西出函（hán）谷关而"莫知其所终"的。

牛角是我身上最突出的特征，也是我用来防身的武器。人们用它可以制成号角和牛角梳。

古时候，我经常被人们用于祭祀（sì）。西汉礼学家戴德编纂（zuǎn）的《大戴礼记》里说："诸侯之祭，牲牛，曰太牢。大夫之祭，牲羊，曰少牢。士之祭，牲特豕（shǐ），曰馈（kuì）食。"这里面的"太牢"，指的就是我。

"牢"字最初的意思是牲畜圈（juàn）。它的甲骨文祖先，是个会意字，由围栏和关在围栏里面的一头牛或者一只羊会意而成。人们因而以"牢"代畜，将饲养在牲畜圈里的牛羊也称为"牢"。又因为牛大羊小，所以将牛称为"太牢"或者"大牢"，将羊称为"少牢"或者"小牢"。

至于"特豕"，有人说它是公猪。我觉得很可能是指三四岁的猪。古有"兽三岁曰特"和"四岁为特"之说。过去的猪，养一年就可以吃了。如果养三到四年，就是很肥很大的猪了。三四岁的大猪，正好和以大小命名的"太牢"和"少牢"相对应，同时也和士的身份相符。士在祭祀的时候，不能用牛，也不能用羊，用一头养了三四年的、又大又肥的猪总可以吧？

我是"二十八星宿（xiù）"之一。气冲斗牛，用来形容气势很盛，直冲天上的斗宿和牛宿。作为一个星群，我共有六颗星星，排列在一起形似牛角。

我还是"十二生肖"之一。凌晨一时到三时，也就是丑时这个时段，农夫会起来给我添加草料，让我吃饱喝足，攒（zǎn）足劲头，天明好耕田。因为这个原因，人们习惯将我称为"丑牛"。

我性格憨（hān）厚，任劳任怨。人们将这种精神称为"老黄牛精神"。

我有时候很倔（jué）强（jiàng）。我的牛脾气举世闻名。

"牵牛要牵牛鼻子。"人类可不怕我倔！他们在我的鼻孔里穿上铁环，只要用绳子一拽，我就会疼痛难忍，乖乖地听从他们的使唤。

"牧童骑黄牛，歌声振林樾（yuè）。"（出自清·袁枚《所见》）

"迢迢（tiáo）牵牛星，皎皎（jiǎo）河汉女。"（出自汉·佚名《古诗十九首·迢迢牵牛星》）

很多古诗词里都有我的身影。

我来造字

我们这个家族的汉字，主要和牛有关。

我通常待在我朋友的左边，有时候也跑到其他位置。

因为我是以"牛"字的身份做偏旁，所以大家都叫我"牛字旁"。

小篆

特

隶书

我遇到"寺"字，
就变成了"特"字。

特是公牛，特别牛，古时候也泛指雄性牲畜。

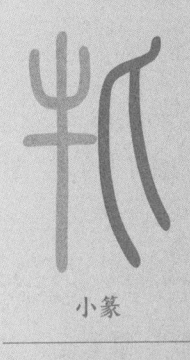

小篆

牝
隶书

遇到"匕"字，
就变成了"牝"字。

牝(pìn)牡(mǔ)即雌雄和公母。

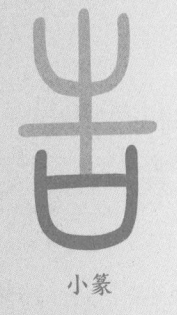

小篆

告
隶书

遇到"口"字，吞掉我的尾巴，
就变成了"告"字。

告祭祖先。

小篆

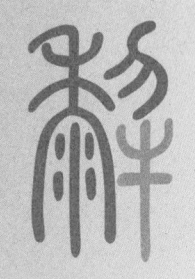

犁

隶书

遇到"利"字,
就变成了"犁(lí)"字。

铸(zhù)剑为犁,化战为和。
"犁"和"犂"原本是"𥝢"的异体字,现在以"犁"为正体字。

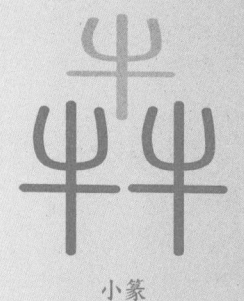

小篆

犇

隶书

遇到我弟弟和我妹妹,
就变成了"犇"字。

牛牪(yàn)犇(bēn)先生有六头牛。

选自赵孟頫书《道德经》

谷神不死是謂玄牝玄牝之門是謂天地根綿綿若存用之不勤天長地久天地所以能長且久者以其不自生故能長生是以聖人後其身而身先外其身而身存非以其無私耶故能成其私上善若水水善利萬物而不爭處眾之所惡故幾於道居善地心善淵與善人言善信政善治事善能動善時夫惟不爭故無尤矣

名帖赏析

《道德经》，又名《道德真经》《老子五千文》，为"道教三经"（老子《道德经》、庄子《南华经》、列子《冲虚经》）之一。赵孟頫（fǔ），元初著名书法家、画家，"楷书四大家"（欧阳询、颜真卿、柳公权、赵孟頫）之一。赵孟頫书《道德经》，系其63岁时的小楷作品，笔法稳健，空灵圆融，俊秀精美。

羊字旁

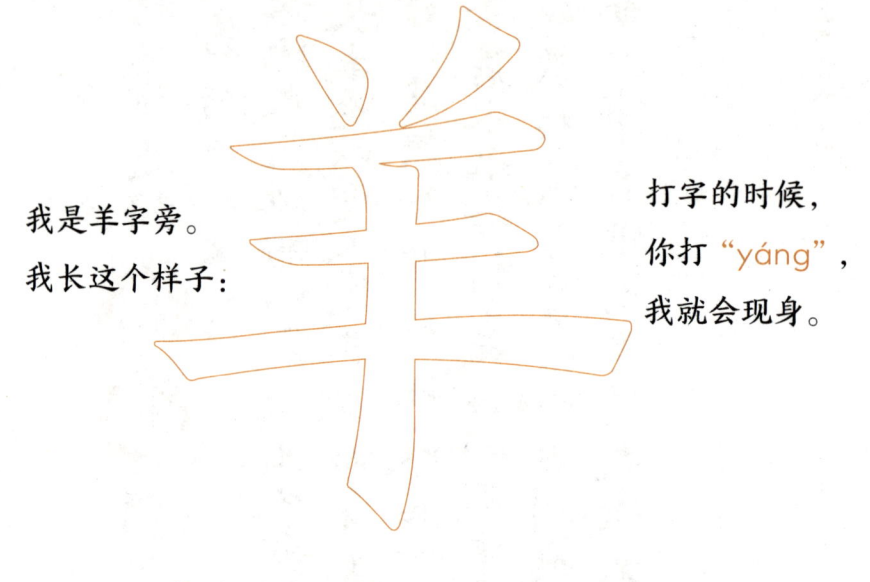

我是羊字旁。
我长这个样子：

打字的时候，
你打 "yáng"，
我就会现身。

我的祖先很酷。它们长这个样子：

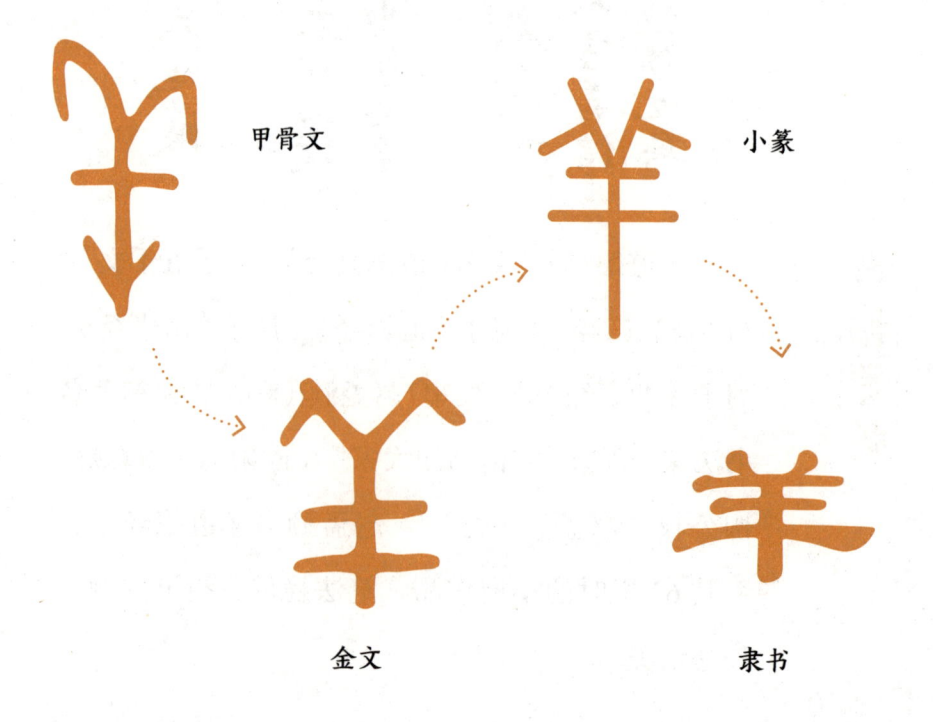

甲骨文

小篆

金文

隶书

你看我的甲骨文祖先，像不像生有弯曲羊角的羊头？那两个弯曲向下的笔画，是不是代表两只羊角？那个箭头和中间一横，是不是羊头的省写？金文祖先身上的羊头，是不是省写成了两横一竖？

后来，是不是慢慢演变成了一点一撇和三横一竖？

我的故事

我呀，其实就是那个"羊"字，最初的意思是羊这种动物。

《三字经》里说："马牛羊，鸡犬豕（shǐ）。此六畜，人所饲。"我是"六畜"之一，是食草动物。通常是我吃草，人类吃我。老虎则是人畜通吃。

古代的大夫祭祀（sì）的时候，要用"少牢"。这里的"少牢"，指的就是我。古人通常将牛称为"太牢"或者"大牢"，将羊称为"少牢"或者"小牢"。

我经常用于祭祀，供人们祈（qí）求吉祥，是祥瑞的象征。古人喜欢用我来借指吉祥。"不羊"和"大吉羊"，就是这种用法。后来，人们在我左边增加一个含有祭祀意思的示字旁（礻），另造一个"祥"字，代替我来表达吉祥这层意思。

我还是"十二生肖"之一。午后一时到三时，也就是未时这个时段，草地里的露水已干，牧羊人开始带我到草地里去吃草。因为这个原因，人们习惯称我为"未羊"。

我喜欢群居，觉得大家在一起有安全感。犬性好斗，喜欢独处，聚在一起会"狗咬狗"。古人据此造出"群""独"二字。

我性情温驯（xùn）。人们通常将我视为软弱、无助和无辜（gū）的象征。"待宰的羔羊"和"替罪羊"，就都含有这层意思。

我的肠子又细又弯。人们借用这一特征，将曲折而狭窄的小路比喻为"羊肠小道"。

"牛羊不恋山，只恋山中草。"[出自唐·曹邺（yè）《四怨三愁五情诗》]

"燕归犹可候，羊起自成群。"（出自唐·苏味道《咏石》）

很多古诗词里都有我的身影。

我来造字

我们这个家族的汉字，主要和羊有关。

我通常待在我朋友的右边，有时候也跑到其他位置。

因为我是以"羊"字的身份做偏旁，所以大家都叫我"羊字旁"。

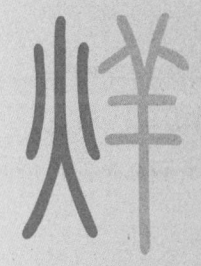

烊

小篆

烊

隶书

我遇到"火"字，
就变成了"烊（yàng）"字。

店铺关门打烊，明日再来。

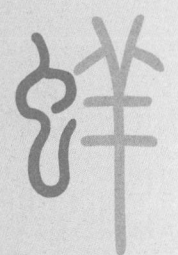

蛘

小篆

蛘

隶书

遇到"虫"字，
就变成了"蛘（yáng）"字。

蛘子是麦粒大小的黑色象鼻虫，讹（é）音为"油子"，也叫"米象"。它吃粮食，从不喝水，还会装死。

小篆

羯
隶书

遇到"曷（hé）"字，
不知何时，不知怎的，
就变成了"羯（jié）"字。

羯族高鼻，深目多须。

小篆

羌
隶书

遇到竖弯钩（乚），
就变成了"羌（qiāng）"字。

羌族是游牧民族，人人都
是牧羊人。

小篆

羔
隶书

遇到四点水（灬），
吞掉我的尾巴，
就变成了"羔（gāo）"字。

羊羔跪乳，乌鸦反哺（bǔ）。

选自唐寅书《落花诗》

白发感真颜蛤蜊上市
惊新味鹈鹕教人再洗
杯忍唱骊歌送春去悔
将羯鼓彻明催烂开矇

名帖赏析

唐寅（yín）书《落花诗》，共收入唐寅所书七律《落花诗》30首。作为明朝著名书画家和诗人的唐寅，曾多次书写以"春去花落"为主题的落花诗。这些落花诗均以行书写就，字美诗精，于婉转流畅、俊秀潇洒的书法艺术中同时体现出青春易逝、怀才不遇的伤感。

马字旁

我是马字旁。
我长这个样子：

打字的时候，
你打"mǎ"，
我就会现身。

我的祖先很酷。它们长这个样子：

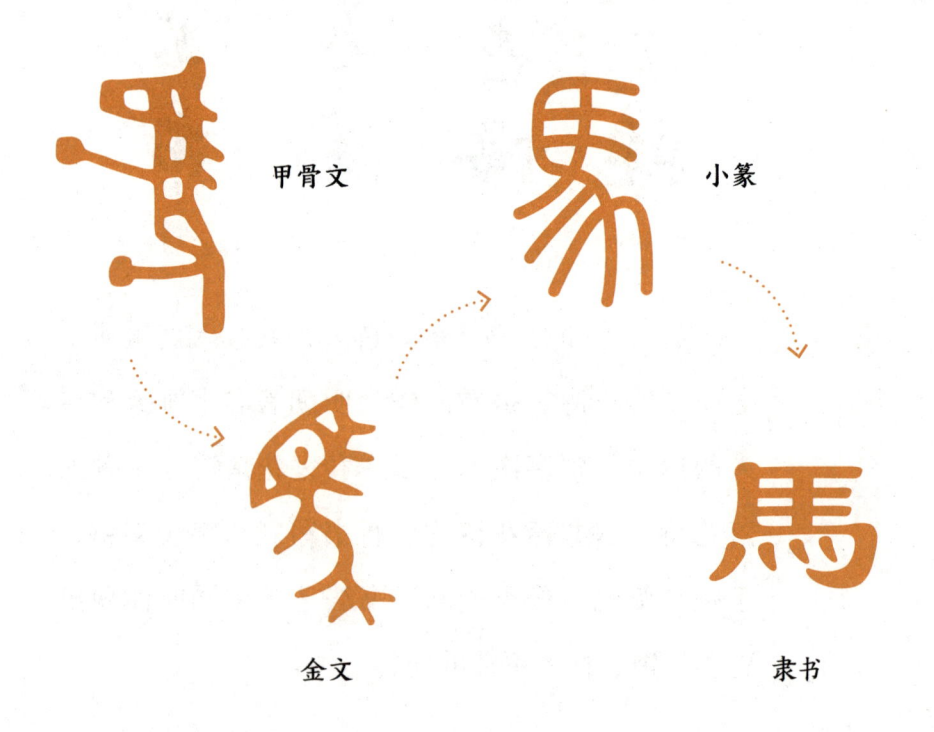

甲骨文

小篆

金文

隶书

你看我的甲骨文祖先,像不像一匹马的形状?是不是马头、马身、马腿、马鬃(zōng)和马尾俱全?金文祖先是不是以目代头,演变成了三根马鬃、一个弧形马身、两条马腿和一个三叉马尾?

到了我这一辈,是不是最终演变成了一个横折、一个竖折折钩和一横?

我的故事

我呀,其实就是那个"马"字,是"馬(mǎ)"的简化写法,最初的意思是马这种家畜。

我能奔善跑,可以供人平时骑乘,或者用来拉车,还能作为战马,上战场打仗。

我是有名的表演家,和人类配合,可以表演"马越刀山""镫(dèng)里藏身""倒竖蜻蜓"等马戏节目。和其他动物组团演出的时候,往往我是主角。人们干脆将我们这个团队称为"马戏团",所有的节目也统统称为"马戏"。

我脸型狭(xiá)长,很有特点。人们形容一个人的脸很长时,通常会拿我做比喻,说他的脸是"马脸"。人发怒时,笑容收敛(liǎn),脸看起来也好像长了一截似的。这时候的脸，也称为"马脸"，用来形容表情严厉。

我是古时候最快的交通工具。不管是人，还是物品，到了我背上，很快就能把他们送到目的地。人们于是借用"马上"一词，来表达立即和很快的意思。

"马大哈""马后炮""马前卒""马蜂窝"等俗语，都和我有关。"露马脚"和"拍马屁"，也和我有关。

骑上我，可以"走马观花"，也可以"马上得天下"。

我祝愿大家"马不停蹄"，"马到成功"。

如果做的是坏事，也请赶快"悬崖（yá）勒马"。

"山回路转不见君，雪上空留马行处。"（出自唐·岑参《白雪歌送武判官归京》）

"功名祗（zhǐ）向马上取，真是英雄一丈夫。"[出自唐·岑参《送李副使赴碛（qì）西官军》]

很多古诗词里都有我的身影。

我来造字

我们这个家族的汉字，主要和马有关。

我通常待在我朋友的左边，有时候也跑到其他位置。

因为我是以"马"字的身份做偏旁，所以大家都叫我"马字旁"。

小篆

驹
隶书

我遇到"句"字,
就变成了"驹(jū)"字。

白马驹从缝隙前一闪而过。

小篆

驴
隶书

遇到"户"字,
就变成了"驴"字。

骑驴找驴。
"驴"是"驢"的简化字。

小篆

骡
隶书

遇到"累"字,
就变成了"骡(luó)"字。

骡子乃驴马所生。
"骡"是"骡"的简化字。"骡"原本是"蠃"的异体字,后来变成了正体字,再后来又简化成了"骡"。

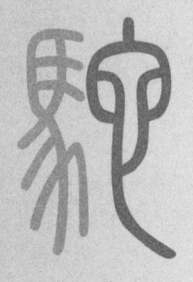

小篆

驼
隶书

遇到"它"字,
就变成了"驼"字。

瘦死的骆驼比马大。

小篆

骑
隶书

遇到"奇"字,
就变成了"骑"字。

盲人骑瞎马,夜半临深池。

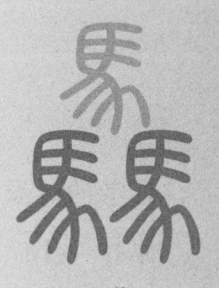

小篆

骉
隶书

遇到我弟弟和我妹妹，
就变成了"骉（biāo）"字。

骉为众马奔腾之貌。

小篆

驾
隶书

遇到"加"字，
就变成了"驾"字。

驾着马车，大驾光临。

豕字旁

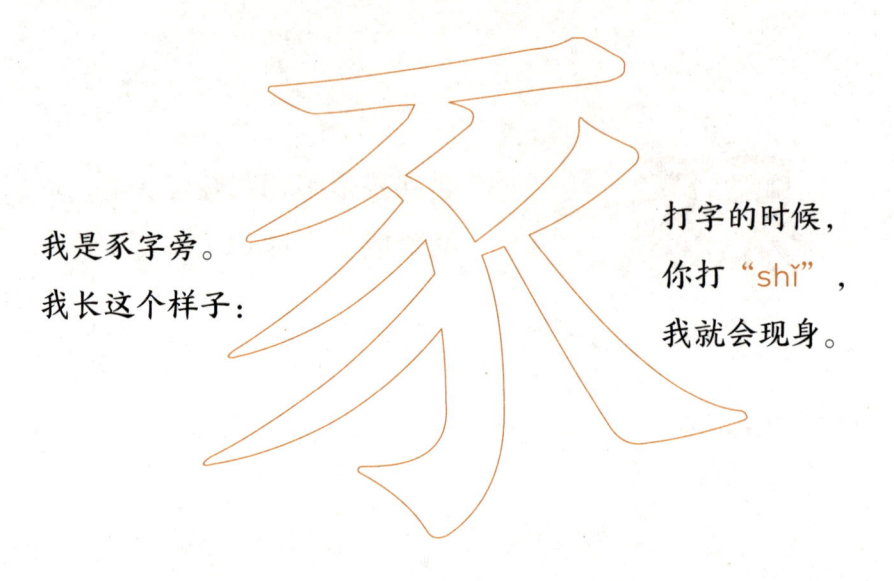

我是豕字旁。
我长这个样子：

打字的时候，
你打"shǐ"，
我就会现身。

我的祖先很酷。它们长这个样子：

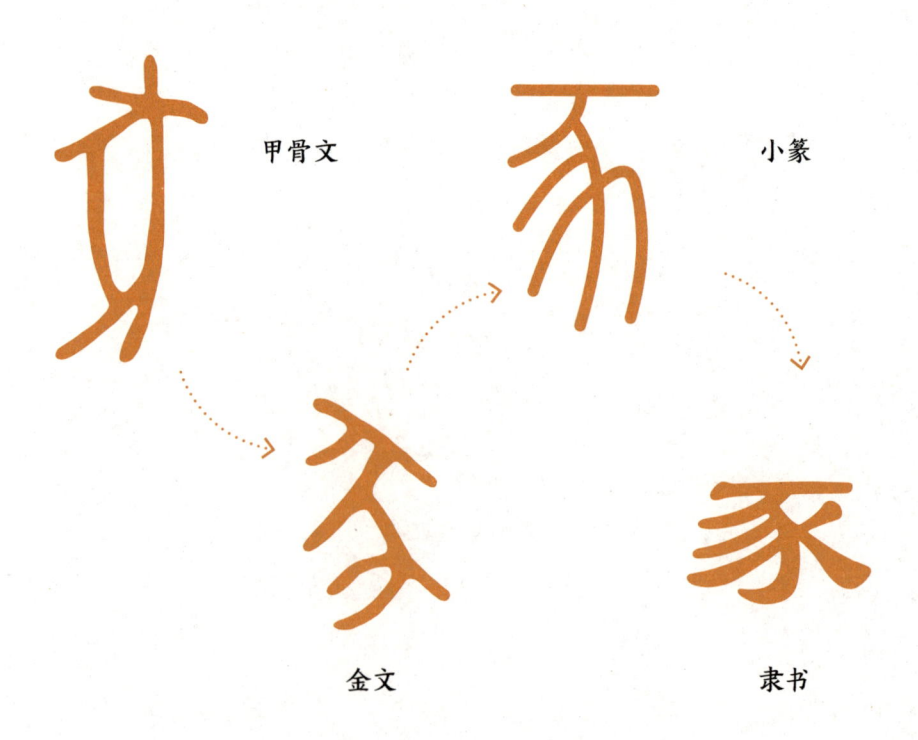

甲骨文

小篆

金文

隶书

你看我的甲骨文祖先，像不像长着大肚子和下垂短尾的猪？上边那一横，是不是表示对猪头的省写？

后来，是不是慢慢演变成了一横一撇、一个弯钩和三撇一捺？

我的故事

我呀，其实就是那个"豕"字，最初的意思是猪。

古时候，还有个"豬（zhū）"字。《说文解字》里说它是"豕而三毛丛居者"。它的突出特征就是"一孔生三毛"。这样的猪，是不是与众不同？

有些时候，我专指家猪。"豚（tún）"和"彘（zhì）"则分别指小猪和野猪。你看"彘"字的身体里，是不是有个"矢（shǐ）"字？像不像一箭穿心而猎获到的野猪？

更多时候，我和"豚""彘""豬"几个字不分彼此，意思都是猪。或者说得直白一点儿，我们只是猪这种动物在不同时期，或者不同地区的不同称呼而已。

战国时期的韩非子，曾写过"曾子杀彘"的故事。里面的"彘"，即是猪。

东汉李尤写的《席铭（míng）》里有"值时所有，何必羊豚"之句。里面的"豚"，指的也是猪。

唐朝韩愈写的《柳州罗池庙碑》里有"豬牛鸭鸡，肥大蕃（fán）息"之句。里面的"豬"，指的还是猪。

"人彘"则是西汉开国皇帝刘邦的皇后吕雉（zhì）发明的一种惨无人道的酷刑。这种刑罚，是把人的手脚砍掉，眼睛挖去，耳朵熏聋，嗓子毒哑，然后扔到猪圈里边。说白了，就是把人变成"人猪"。

"猪"这个字，很早就已经有了，而且和"豬"字并存使用。南北朝民歌《木兰辞》里就提到过它："小弟闻姊（zǐ）来，磨刀霍霍（huò）向猪羊。"

汉字简化的时候，"豬"字作为异体字，合并到"猪"字里面。"猪"开始成为猪这种动物的统称。我和其他几个汉字，为世人所用渐少，索性躲到古文里面睡大觉去了。

您如果用心留意，还可以在一些成语和典故里发现我的身影。

封豕长蛇，是说像大猪一样贪婪(lán)，像长蛇一样残暴。

狼奔豕突，形容像狼一样奔跑，像我一样乱冲乱撞。我跑起来力气很大，能一头把对方撞倒。

三豕渡河，说的是春秋时期史书抄写或者刊印错误，将"晋师己亥（hài）涉河"讹（é）为"晋师三豕涉河"。卫国有个读书人照书而读，不知其错。

东晋葛洪著有《抱朴子》一书，里面引用过一条谚（yàn）

语:"书三写,鱼成鲁,虚成虎。"书籍多次传抄后,里面的形近字很容易写错。人们常以"豕鱼"或者"豕亥鱼鲁"来借指书籍传抄或者刊印过程中出现的文字错误。

有人问我:"你心情好的时候,尾巴是什么样子?"

没等我回答,一大串答案抛过来:"下垂不动""左右摆动""卷成一团""在空中画圈圈"……

也有人问我:"你的尾巴为什么这么短?"

大家同样热情作答,答案让人脑洞大开:

"营养都长到肚子上去了呗!"

"卫生条件好了,用不着驱赶蚊蝇,慢慢退化了呗!"

"太长了容易被揪住呗!"……

"此地蛟(jiāo)龙伏,中原蛇豕多。"(出自宋·李石《谒武侯庙》)

"静对豺(chái)狼窟(kū),幽观鹿豕群。"(出自唐·汪万於《晚眺》)

很多古诗词里都有我的身影。

我来造字

我们这个家族的汉字,主要和猪有关。

我通常待在我朋友的脚下,有时候也跑到其他位置。

因为我是以"豕"字的身份做偏旁,所以大家都叫我"豕字旁"。

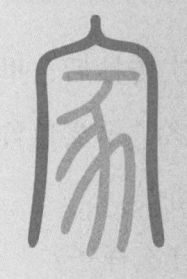

小篆

家
隶书

我遇到宝盖儿（宀），就变成了"家"字。

古时候家里都养着猪，有房有猪才是家。

小篆

逐
隶书

遇到走之旁（辶），就变成了"逐"字。

暗尘随马去，明月逐人来。

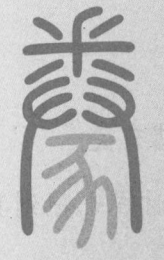

小篆

豢
隶书

遇到"夫"字，头戴两朵花，就变成了"豢（huàn）"字。

豢龙氏董父（fǔ）和他的徒弟御龙氏刘累（lěi），都善于养龙。

小篆

豩
隶书

遇到我弟弟,
就变成了"豩(bīn)"字。

豩为众豕奔逐。

小篆

豳
隶书

"豩"字再遇到"山"字,
就变成了"豳(bīn)"字。

《豳风》为豳地民歌。豳地有豳山,不知豳山是否为众豕聚集撒欢之地?唐玄宗李隆基认为"豳州"之"豳",似于"幽州"之"幽",二字容易混淆,遂将"豳州"改为"邠(bīn)州"。

小篆

豪
隶书

遇到"高"字,
吞掉一个"口"字,
就变成了"豪"字。

豪猪也叫"箭猪",背部和尾部长满棘(jí)刺。

选自唐寅书《落花诗》

> 宝经怨重到玄都只赋
> 诗香逐马蹄晴蚁垤影
> 和丝壁暗蛛丝寻芳了
> 却新年债又见成阴子

名帖赏析

唐寅（yín），吴县（今苏州）人，"明四家"（沈周、文征明、唐寅、仇英）之一。与祝允明、文征明、徐祯卿并称"吴中四才子"。唐寅取法赵孟頫（fǔ），上追唐代书法大家李邕（yōng），所书《落花诗》奇峭俊秀，系其传世佳作。

彑字头

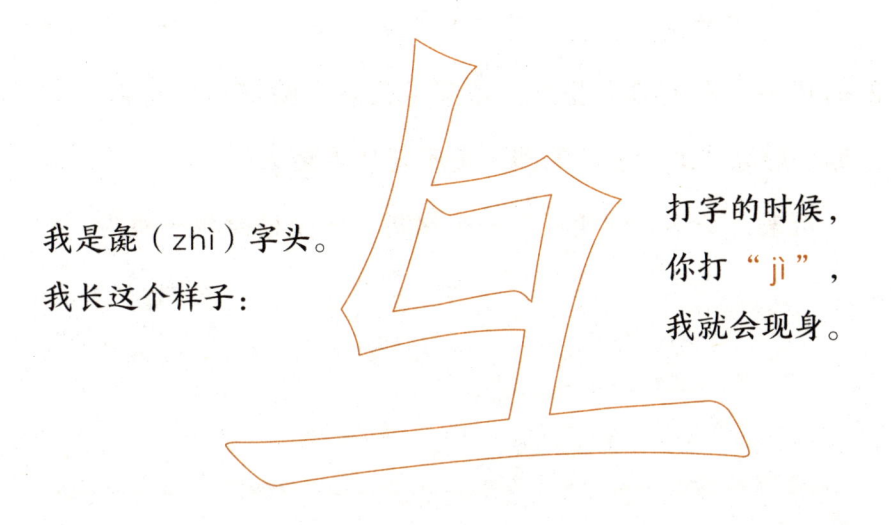

我是彑(zhì)字头。
我长这个样子：

打字的时候，你打"jì"，我就会现身。

我的祖先很酷。它们长这个样子：

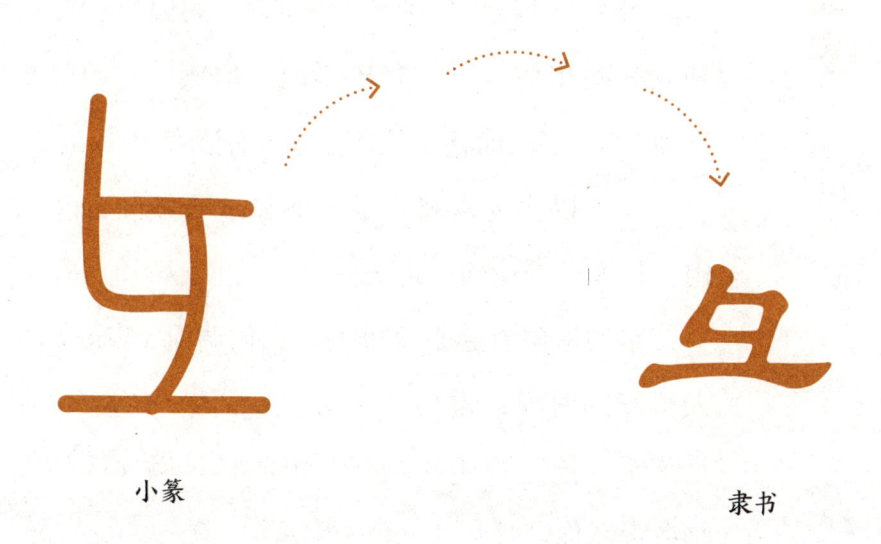

小篆

隶书

你看我的小篆祖先，像不像嘴巴长长，上吻部遮住下吻部的猪头？左边那个竖折，是不是代表上吻部和下吻部？右边那个形似"工"字的笔画，是不是代表猪头？

后来，是不是演变成了一个撇折、一个横撇和一横？

我的故事

我呀，其实就是那个"彑（jì）"字，最初的意思是猪头。

有个叫"横山"或者"雪字底"的偏旁（彐），和我有些相似。我们属于不同的家族。它曾经被作为"雪"字的简化字使用过，因而读音为"xuě"。

我可以作为食材，被人们做成香喷喷的猪头肉，是人们喜爱的一道美食。

猪的形象看起来笨笨的。人们调侃（kǎn）某人很笨的时候，常用"猪头"一词做比喻。"真是猪头，连这都不明白！"很明显，说这话的人是在责怪你笨呀！

有时候，"猪头"一词还可以作为熟人之间

的幽默称呼。"猪头，想我了没有？"谁如果这样喊你，他和你的关系一定很密切。

战争题材的电影里，通常称那些肥头大耳的日军小队长为"猪头小队长"。这其实是对侵略者的蔑（miè）称，用来讽刺他们的愚蠢（chǔn）。

我希望大家做事要有耐心，舍得下功夫。只要像烀（hū）猪头肉那样，慢慢地烀，持久地烀，就一定能够烀出美味的"人生大餐"。

"小池聊（liáo）养鹤（hè），闲田且牧猪。"（出自唐·王绩《田家三首》）

"春前耕犊（dú）健，节近祭猪鸣。"[出自宋·陆游《邠（bīn）风》]

这些古诗词里的"猪"字，让我感到非常亲切，同时跟着沾染了一番诗意。

我来造字

我们这个家族的汉字，主要和猪头有关。

我总是待在我朋友的头上。

因为"彘"字是我们这个家族的常见字，我是"彘"字之头，所以大家都叫我"彘字头"。

小篆 象 隶书

我遇到"豕（shǐ）"字，
就变成了"彖（tuàn）"字。

彖辞即卦辞，乃总括一卦之辞。

小篆 彘 隶书

遇到"矢（shǐ）"字和两个"匕"字，
就变成了"彘（zhì）"字。

曾子杀彘无戏言。

小篆 彝 隶书

遇到"米"字和紧字底、弄字底，
就变成了"彝（yí）"字。

商彝周鼎（dǐng），盛酒煮肉，祭祀（sì）礼器。

犬字旁

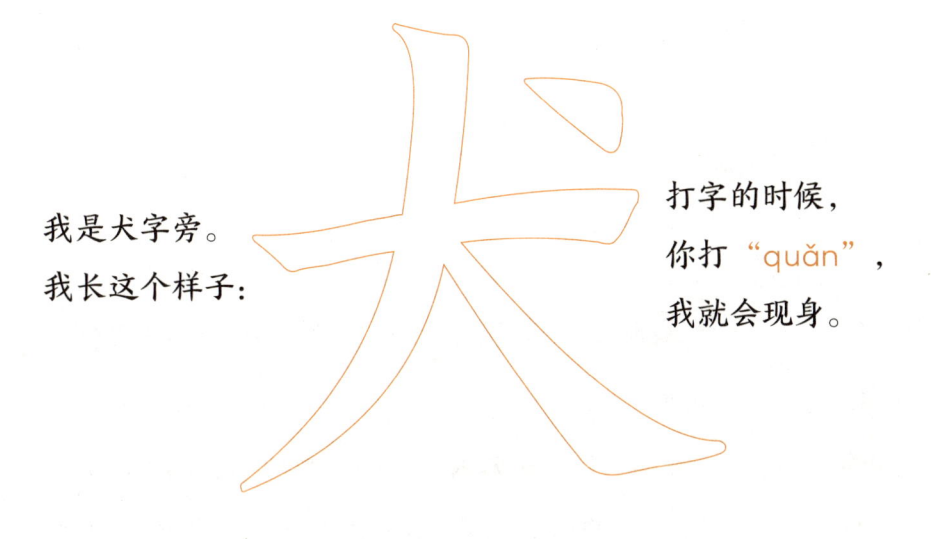

犬

我是犬字旁。
我长这个样子：

打字的时候，
你打"quǎn"，
我就会现身。

我的祖先很酷。它们长这个样子：

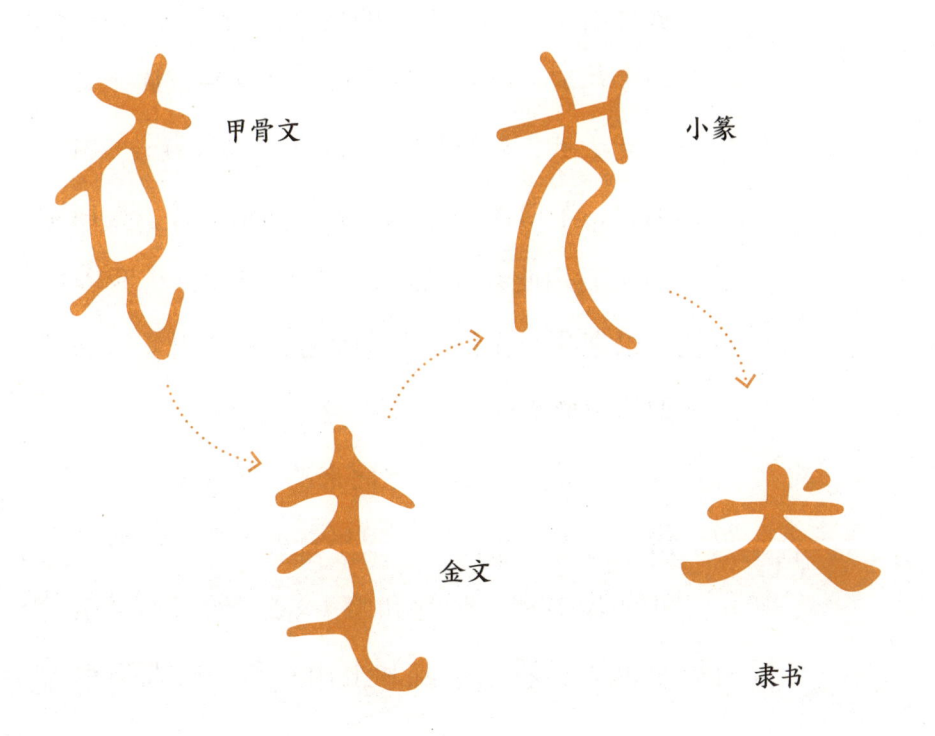

甲骨文

小篆

金文

隶书

你看我的甲骨文祖先,像不像蹲在地上,朝上卷曲着尾巴的狗?

后来,是不是慢慢演变成了一横一撇和一捺一点?

我的故事

我呀,其实就是那个"犬"字,最初的意思是大狗。

古有"大者为犬,小者为狗"之说。后来,我们之间的区分就没有那么明显了。无论大小都可以称为"犬",也都可以叫作"狗"。

我还有个"高大上"的名字,叫"羹(gēng)献"。《礼记·曲礼》里面说:"凡祭宗庙之礼,牛曰一元大武,豕曰刚鬣(liè),豚(tún)曰腯(tú)肥,羊曰柔毛,鸡曰翰(hàn)音,犬曰羹献。"人们用吃剩下的羹饭来喂养我,将我养肥后就可以把我当作祭品,进献给鬼神享用。"羹献"之名即是由此而来。

我是由狼驯(xùn)化而来的。我和马、牛、羊、鸡、猪,同为"六畜",很早就被人类驯服所用。

我牙齿尖利,听觉和嗅(xiù)觉都很灵敏,可以帮助人类看家护院和上山打猎,被人类称为

"最忠实的朋友"。

我的牙齿参（cēn）差（cī）不齐。"犬牙交错"用在我身上再合适不过。人们习惯用这个成语来形容事物错落不齐，或者局面错综复杂。

我们和人类关系密切。我们离不开人类，人类也离不开我们。我们安宁了，人类就会安宁。我们慌乱，人类就会慌乱。"鸡犬不宁"这个成语，就是印证。人类期望的是"鸡鸣桑树颠（diān）"和"狗卧柳荫下"的和谐（xié）场景。一旦鸡飞狗跳，秩序混乱，就会引起他们的担忧。

现在的我们，依旧为人类所豢（huàn）养，只是看家打猎的功能削弱了。更多的时候，我们是作为宠物，供孤独的人类消遣（qiǎn）解闷。

人类经常牵着我上街行走。他们将这种行为称作"遛（liù）狗"。有时候，他们跟在我后面，累得气喘吁吁（xū）的。也不知是他们遛我，还是我遛他们？

我的主人喜欢说："我们家的狗不咬人！"

这时候，我就会偷笑：咬不咬人是你说了算，还是我说了算？

"烟火一里余，鸡犬遥相闻。"（出自宋·杨时《检田》）

"人来千嶂（zhàng）外，犬吠百花中。"（出自唐·刘长卿《过横山顾山人草堂》）

很多古诗词里都有我的身影。

我来造字

我们这个家族的汉字，主要和狗有关。

我通常待在我朋友的右边，有时候也跑到其他位置。

因为我是以"犬"字的身份做偏旁，所以大家都叫我"犬字旁"。

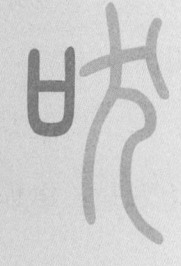

小篆

吠

隶书

我遇到"口"字，
就变成了"吠（fèi）"字。

蜀犬吠日，粤（yuè）犬吠雪。

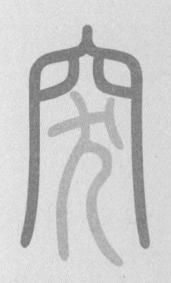

小篆

突

隶书

遇到"穴"字，
就变成了"突"字。

大狗突然从洞里窜出来。

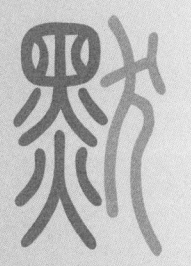

035

小篆

黑

隶书

遇到"黑"字,
就变成了"默"字。

暗中追赶,默不作声。

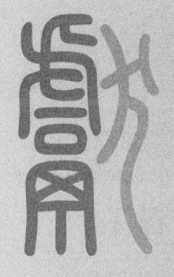

小篆

献

隶书

遇到"南"字,
就变成了"献"字。

路逢剑客须呈剑,不是诗人莫献诗。
"献"是"獻"的简化字。

小篆

猷

隶书

遇到"酋(qiú)"字,
就变成了"猷(yóu)"字。

建极绥(suí)猷,建立法则,顺应天道,治理天下。

反犬旁

犭

我是反犬旁。
我长这个样子：

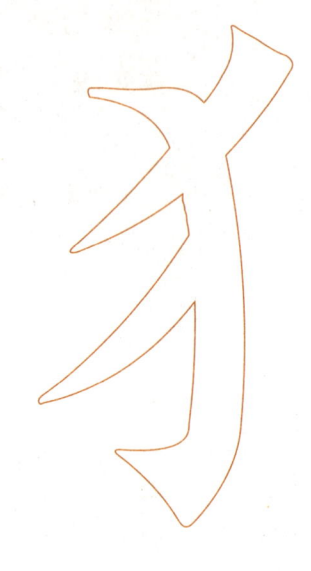

打字的时候，
你打"quǎn"，
我就会现身。

我的祖先很酷。它们长这个样子：

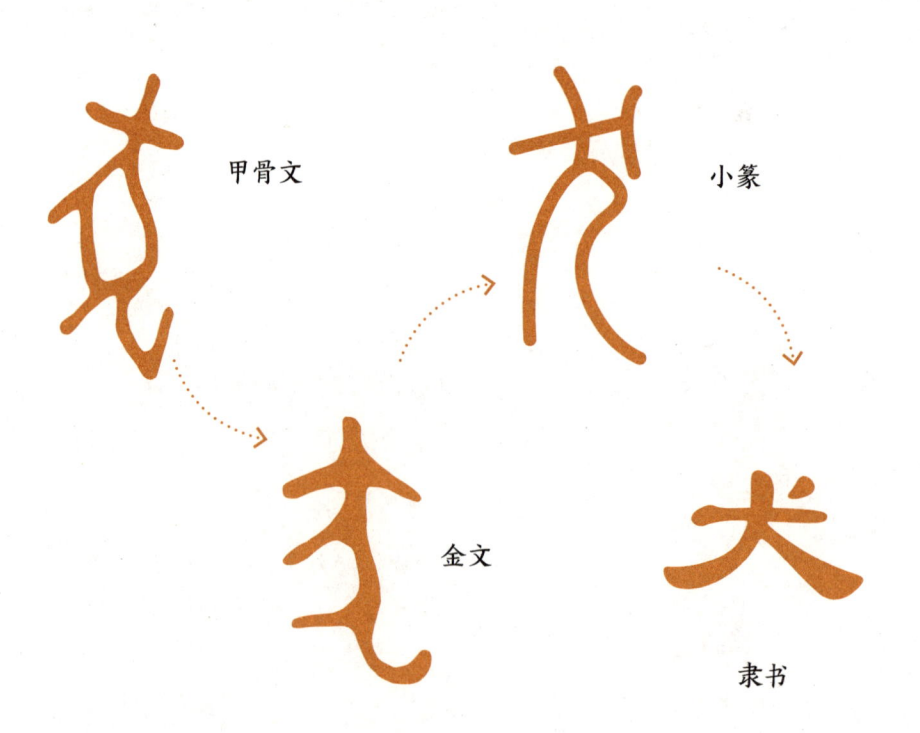

甲骨文

小篆

金文

犬

隶书

你看我的甲骨文祖先，像不像蹲在地上，朝上卷曲着尾巴的狗？

后来，是不是慢慢演变成了一横一撇和一捺一点？

到了我这一辈，是不是最终演变成了一撇、一个弯钩和另外一撇？

我的故事

我呀，其实就是那个"犬"字，是它分化出来的写法，最初的意思是大狗，泛指犬类动物。

我既然是"犬"字的变体，自然也属于犬族，很了解自己这个家族的特性。

作为"人类最忠实的朋友"，我们绝对服从主人的命令，因而成为甘受役（yì）使的象征。"愿效犬马之劳"，人们常说的这句话就是明证。"鹰犬"和"狗腿子"，更是被视为走狗和帮凶的代名词。

我们甘愿为他人服务，他人却觉得我们卑贱。就连我们平时摇尾巴的时候，也有人觉得我们是在摇尾乞怜。

西汉时期的辞赋（fù）大家司马相如，年少时好读书，学击剑，是个好孩子。贱名好养活，父母干脆给他起了个小名，叫"犬子"。后来人们习惯用"犬子"来做谦称，和他人交谈的时候，称自己的儿子为"犬子"。

蜀（shǔ）地多雨，太阳难得一见。生活在那里的我们，晴天一见到太阳，就会异常高兴，吠（fèi）叫不已。人们于是造出"蜀犬吠日"这个成语，讽刺少见多怪之人。

我们对主人很友善，对陌（mò）生人则很凶。这为我们换来了"恶狗""疯狗""狂犬"之类难听的骂名。

不管人类待我们如何，我们愿做人类永远的朋友。

我祝人类五谷丰登，也祝我们六畜兴旺。

"月高鸡犬静，门掩向寒塘。"［出自唐·耿沣（wéi）《夜寻卢处士》]

"犬吠知村近，鸡鸣觉夜残。"（出自宋·胡仲参《道中早发》）

这些古诗词里的"犬"字，让我感到非常亲切，同时跟着沾染了一番诗意。

我来造字

我们这个家族的汉字，主要和兽类有关。

我总是待在我朋友的左边。

因为我看起来像"犬"字反写，所以大家都叫我"**反犬旁**"。

有人说，我怎么看不出你像"犬"字反写？

嗯，确实很难看出来。这都是"犬"字反写的时候，发生了笔画拈（niān）连和变形所致。

想想看，"犬"字反写的时候，是不是将它身上那一点和一横相拈连，写成了我上面那一撇？原先那一撇和一捺，是不是变成了我身上的弯钩和下面那一撇？

小篆

狼

隶书

我遇到"良"字,
就变成了"狼"字。

狼来了。

小篆

猫

隶书

遇到"苗"字,
就变成了"猫(māo)"字。

猫着腰,捉小猫。
"猫"原本是"貓"的异体字,
现在以"猫"为正体字。

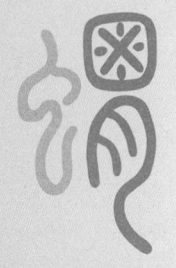

小篆

猬

隶书

遇到"胃"字,
就变成了"猬(wèi)"字。

狗咬刺猬——无处下口。
"猬"原本是"蝟"的异体字,
现在以"猬"为正体字。

小篆

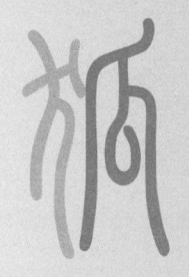

狐

隶书

遇到"瓜"字,
就变成了"狐"字。

狐死首丘,是说狐狸死在外面时,一定会将头朝向自己的洞穴。

小篆

猾

隶书

遇到"骨"字,
就变成了"猾"字。

狡(jiǎo)、猾(huá)二兽很狡猾。

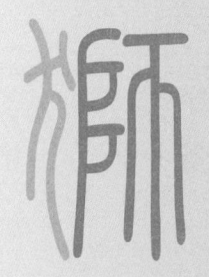

小篆

狮

隶书

遇到"师"字,
就变成了"狮"字。

蚁狮是蚁蛉(líng)的幼虫,猛如狮,吃蚂蚁,能倒行,也叫"倒行虫"。
"狮"是"獅"的简化字。

豸字旁

我是豸（zhì）字旁。
我长这个样子：

打字的时候，
你打"zhì"，
我就会现身。

我的祖先很酷。它们长这个样子：

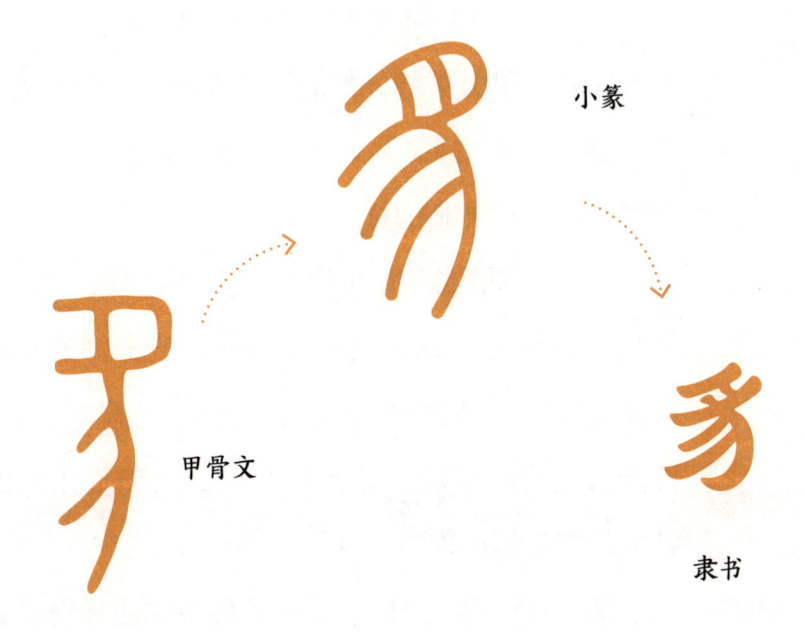

甲骨文

小篆

隶书

你看我的甲骨文祖先，像不像口足俱全，生有长脊和长尾的野兽？小篆祖先的脊背，是不是明显隆（lóng）起？口中是不是还增加了一点，用来表示兽齿？

后来，是不是慢慢演变成了一撇两点、一撇、一个弯钩和另外两撇？

我的故事

我呀，其实就是那个"豸"字，最初的意思是一种长脊猛兽。

我窥（kuī）伺（sì）到猎物的时候，总是先曲身隆背，蓄力借势，然后舒脊跃出，直扑而去。人们造出"豸豸然"一词，用来形容我们这种兽脊隆起，然后伸长的样子。

"有足谓之虫，无足谓之豸。"古时候，"虫豸"是虫子的统称。蚯蚓之类无脚的虫子，体形和我一样又长又圆。它们行走的时候，也是先隆起脊背，再伸直前行。可能是这个缘故吧，人们借用我的名字，将它们也称为"豸"。

獬（xiè）豸（zhì）是神话传说中能辨别是非

曲直的独角神兽。它看到两人打斗，就会用角触翻邪恶的一方；听到两人争论，就会用嘴叼起理屈的一方。

獬豸冠是古代御史之类的执法官所戴的帽子，上面饰有形似獬豸角的饰物。

冠豸（zhài）山位于福建省连城县，主峰形似獬豸冠……

我很高兴我的词义范围不断扩大，用武之地越来越多。

"我寝牛衣敝，君居豸角危。"（出自唐·罗隐《寄袁皓侍郎》）

"羡（xiàn）他虫豸解缘天，能向虚空织罗网。"（出自唐·元稹《织妇词》）

很多古诗词里都有我的身影。

我来造字

我们这个家族的汉字，主要和长脊猛兽有关。

我总是待在我朋友的左边。

因为我是以"豸"字的身份做偏旁，所以大家都叫我"豸字旁"。

小篆

豺
隶书

我遇到"才"字，
就变成了"豺（chái）"字。

豺狼成群而上，围攻猎物。

小篆

豹
隶书

遇到"勺"字，
就变成了"豹"字。

金钱豹身上的斑纹似铜钱。

小篆

貂
隶书

遇到"召"字，
就变成了"貂"字。

貂（diāo）裘（qiú）换酒。狗尾续貂。

小篆

貘
隶书

遇到"莫"字，
就变成了"貘（mò）"字。

貘似猪而大，尾巴很短，鼻子能伸能缩。

小篆

貉
隶书

遇到"各"字，
就变成了"貉（hé）"字。

一丘之貉，貉似狐而小。

小篆

貌
隶书

遇到"皃（mào）"字，
就变成了"貌"字。

"貌"和"皃"面貌不同，意思相同。
"貌"原本是"皃"和"䫉"的异体字，现在以"貌"为正体字。

小篆

貅
隶书

遇到"休"字，
就变成了"貅"字。

貔(pí)貅(xiū)瑞兽，招财进宝。

小篆

獾
隶书

遇到"雚(guàn)"字，
就变成了"獾(huān)"字。

獾有狗獾和猪獾等。
"獾"和"貛"原本都是"貆"的异体字，现在以"獾"为正体字。

虫字旁

我是虫字旁。
我长这个样子：

打字的时候，
你打"chóng"，
我就会现身。

我的祖先很酷。它们长这个样子：

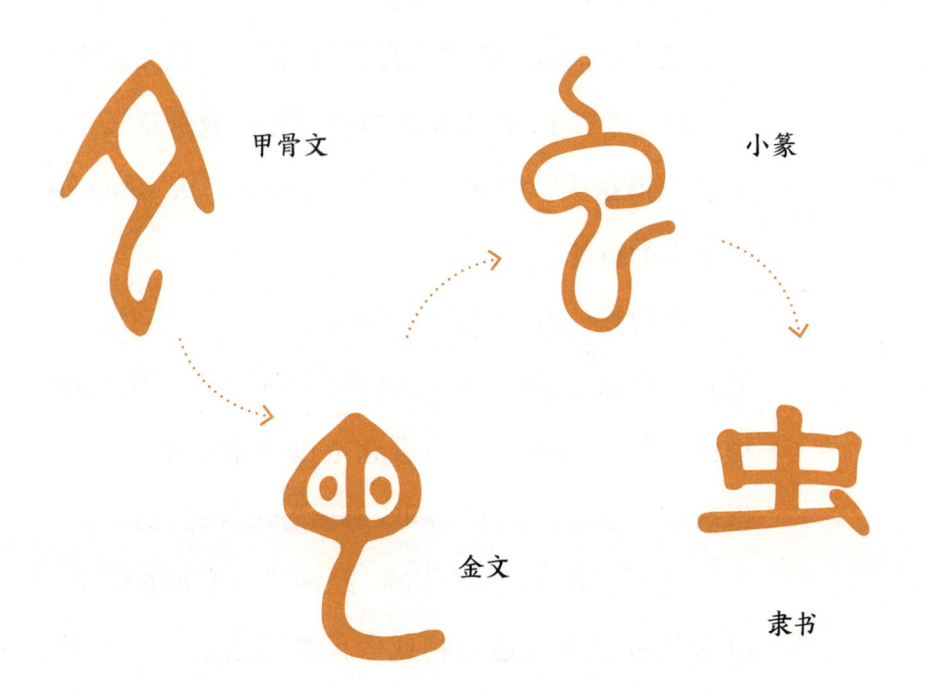

甲骨文

小篆

金文

隶书

你看我的甲骨文祖先,像不像长着三角形大头,弯曲着身子的毒蛇?金文祖先是不是还画出了两只眼睛?小篆祖先是不是还画出了蛇芯子?

后来,是不是慢慢演变成了一竖、一个横折、一横一竖和一提一点?

我的故事

我呀,其实就是那个"虫"字,最初的意思是一种毒蛇,泛指蛇类动物。

最早的时候,我的读音为"huǐ"。《说文解字》里说我"博三寸,首大如擘(bò)指"。我身宽三寸,头有大拇指大,全名叫"蝮虫(huǐ)",是一种非常毒的毒蛇。

古时候,有个"蟲(chóng)"字,是羽蟲、毛蟲、甲蟲、鳞(lín)蟲和裸(luǒ)蟲等所有动物的统称。后来,它的概念范围渐渐缩小,主要指蚂蚱、苍蝇、蚊子、蝴蝶和蜜蜂之类的昆蟲。

这个"蟲"字喜欢偷懒,经常省写成我的样子,由我代替它来表达动物或者昆虫等意思。我开始有了第二个读音："chóng"。久而久之，人们索性另造一个"虺（huǐ）"字，代替我来表示蝮虫这种毒蛇。

我和"它"字，最初的意思都是蛇。"蛇"字也是由我们分化而来的。后来，"它"字被借用为第三人称代词，"蛇"字开始专指蛇类。我也就慢慢退出了蛇类的舞台，蛇的身份和"huǐ"的读音渐渐被大家所忘却。

到今天为止，我已经完完全全变成了昆虫的意思。人们一提到我，想到的就是昆虫，而不是蛇类或者其他动物。

在古人眼里，老虎很大，是"大虫"；蛇很长，是"长虫"。他们的思维就是独特，将包括人、鱼和鸟兽在内的动物，统统称为虫类。螃蟹身上带壳，是甲虫，造字的时候带有"虫"字。蝙蝠是哺乳动物，身上没有羽毛鳞甲，属于裸虫，造字的时候也带有"虫"字。

"鸟迹虫丝"都是极易消失的事物。我的鸣声却是年年奏响，使人久久难忘。

"卧看营巢鸟，行逢结网虫。"（出自明·唐时升《再过东园二首》）

"唧唧草间虫，助我扬悲吟。"（出自明·王廷陈《别曹仲礼四首》）

很多古诗词里都有我的身影。

我来造字

我们这个家族的汉字,主要和蛇类有关,和虫类有关。

我通常待在我朋友的左边,有时候也跑到其他位置。

因为我是以"虫"字的身份做偏旁,所以大家都叫我"虫字旁"。

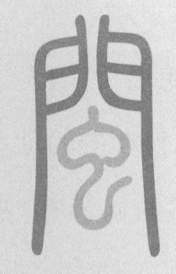

小篆

闽

隶书

我遇到"门"字,
就变成了"闽(mǐn)"字。

闽族以蛇为图腾,族名带有"虫"字,是福建最早的土著民族。

小篆

虿

隶书

遇到"万"字,
就变成了"虿(chài)"字。

"虿"是"蠆"的简化字,指的是蝎(xiē)子一类的毒虫。卷发如虿,是说头发卷曲,像尾鞭弯弯的蝎子。

小篆

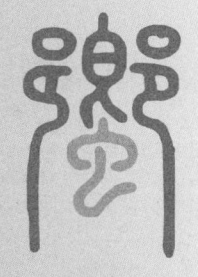

虿

隶书

遇到"乡"字,
就变成了"虿(xiǎng)"字。

虿为知声虫,似蚕(cán)而大,也叫"土蛹"。传说它能知声响、识方向,手握此蛹,行路不迷。"虿"是"蠁"的简化字。

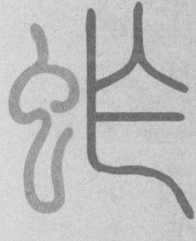

小篆

蚱

隶书

遇到"乍"字,
就变成了"蚱"字。

舴(zé)艋(měng)舟两头尖尖,形似蚱(zhà)蜢(měng)。

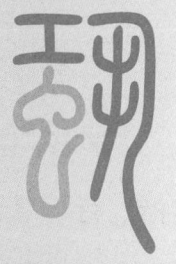

小篆

蛩

隶书

遇到"巩"字,
就变成了"蛩(qióng)"字。

飞蛩为蝗虫。鸣蛩为蟋蟀。奔蛩为异兽,形似白马,名曰"蛩蛩"。

选自文征明书《离骚经》

量鑿而正枘兮固前修以菹醢鲁歔欷余鬱悒
攬茹蕙以掩涕兮霑余襟之浪浪跪敷衽以陳
中正駟玉虬以乘鷖兮溘埃風余上征朝發軔
於蒼梧兮夕余至乎縣圃欲少留此靈瑣兮日忽忽其將暮吾令
羲和弭節兮望崦嵫而勿迫路漫漫其脩遠兮吾將上下而求索
飲余馬於咸池兮總余轡乎扶桑折若木以拂日兮聊逍遙以相
羊前望舒使先驅兮後飛廉使奔屬鸞皇為余先戒兮雷師告余
以未具吾令鳳鳥飛騰兮又繼之以日夜飄風屯其相離兮帥雲
霓而來御紛總總其離合兮斑陸離其上下吾令帝閽開關兮倚
閶闔而望予時曖曖其將罷兮結幽蘭而延佇世溷濁而不分兮

名帖赏析

文征明，明代画家、书法家、文学家，诗、文、书、画人称"四绝"。篆、隶、楷、行、草皆擅，尤其是小楷造诣（yì）最高。文征明书《离骚经》，笔力遒（qiú）劲（jìng），疏密匀称，端庄秀逸，是其晚年代表作。

它字旁

我是它字旁。
我长这个样子：

打字的时候，
你打"tā"，
我就会现身。

我的祖先很酷。它们长这个样子：

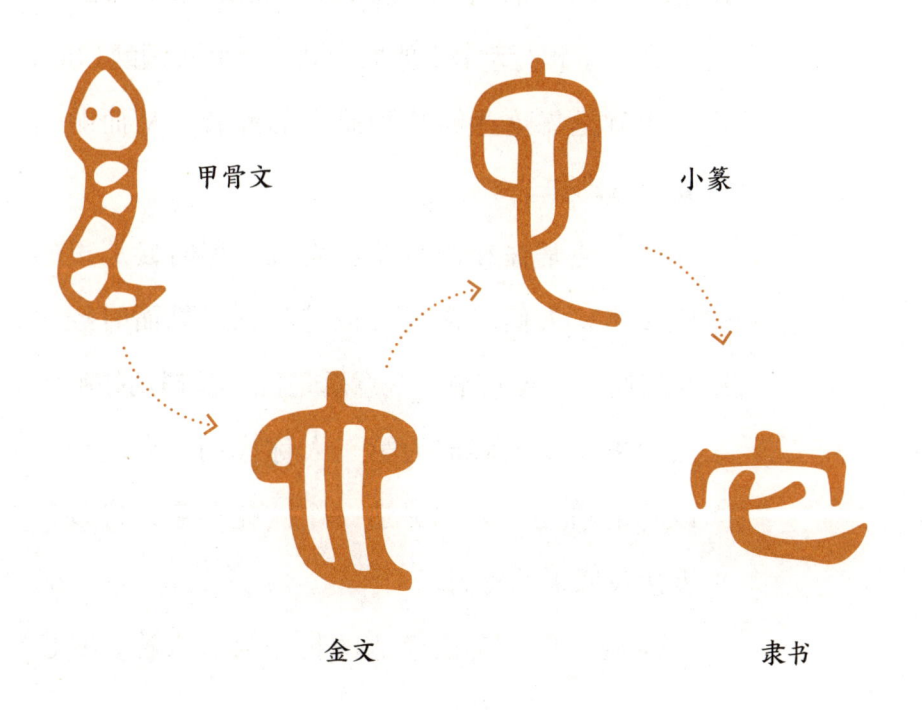

甲骨文

小篆

金文

隶书

你看我的甲骨文祖先,像不像尖头、长身和曲尾的蛇形?金文祖先头上,是不是还增加了一个蛇芯子?

后来,那个蛇芯子是不是慢慢演变成了一点?蛇头和蛇身是不是演变成了一个秃宝盖和一个"匕"字?

我的故事

我呀,其实就是那个"它"字,最初的意思是蛇。

《说文解字》里说我"像冤曲垂尾形"。身体蜷(quán)曲,尾巴下垂,是我的显著特征之一。

我属于爬行动物,四肢退化,身上布满鳞(lín)片。我就是靠这些鳞片和肌肉的配合,从而顺利完成爬行动作。

古人通常住在山野草丛附近。那时候那里的蛇比较多。人们时常担心被蛇咬到,见面时经常相互问候:"无它乎?"意思是说,没遇到蛇吧?

后来,我被假借为第三人称代词,专门指代人以外的事物。人们另造一个"蛇"字,代替我来表达我原来的意思。

现在,我安安稳稳地做我的第三人称。我已

经不是蛇了，大家也不再惧怕我。

"莫管莺声老，从它柳絮（xù）飞。"（出自宋·洪适《南歌子·寄景卢》）

"羡（xiàn）煞是杨花，输它先到家。"（出自清·徐灿《菩萨蛮·春闺》）

很多古诗词里都有我的身影。

我来造字

我们这个家族的汉字，主要和蛇有关。

我总是待在我朋友的右边。

因为我是以"它"字的身份做偏旁，所以大家都叫我"它字旁"。

小篆

隶书

我遇到单人旁（亻），
就变成了"佗（tuó）"字。

华佗再世。

小篆

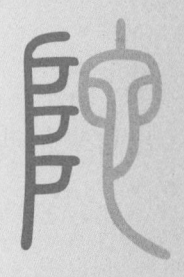

陀

隶书

遇到左耳旁（阝），
就变成了"陀（tuó）"字。

阿（ē）弥陀佛。到普陀山看超级陀螺大战。

小篆

沱

隶书

遇到三点水（氵），
就变成了"沱"字。

滂（pāng）沱（tuó）大雨，
下个不停。

小篆

驼

隶书

遇到"马"字，
就变成了"驼"字。

沙漠里走来一只骆驼。

小篆
———
砣
隶书

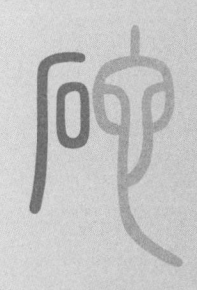

遇到"石"字,
就变成了"砣"字。

秤砣虽小,能压千斤。

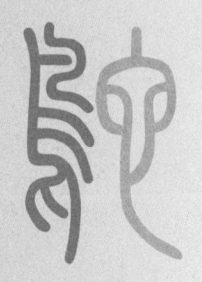

小篆
———
驼
隶书

遇到"鸟"字,
就变成了"鸵"字。

去动物园里看鸵鸟。

小篆

酡

隶书

遇到"酉（yǒu）"字，
就变成了"酡（tuó）"字。

喝醉了酒，脸酡红。

小篆

跎

隶书

遇到"足"字，
就变成了"跎"字。

我生待明日，万事成蹉（cuō）跎（tuó）。"蹉跎"的意思是虚度光阴，时光白白地逝去。

龙字旁

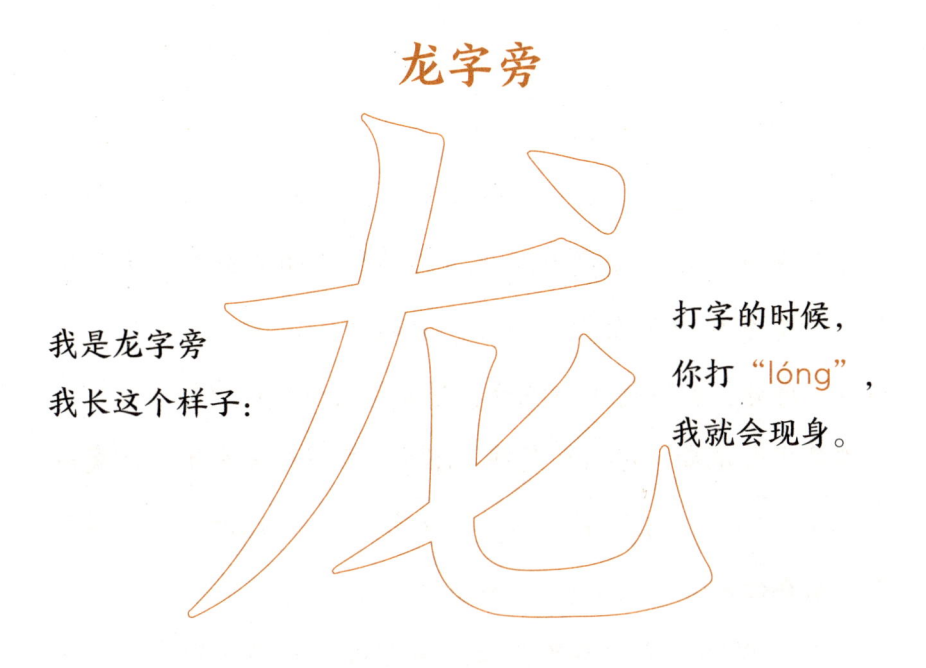

我是龙字旁
我长这个样子：

龙

打字的时候，
你打"lóng"，
我就会现身。

我的祖先很酷。它们长这个样子：

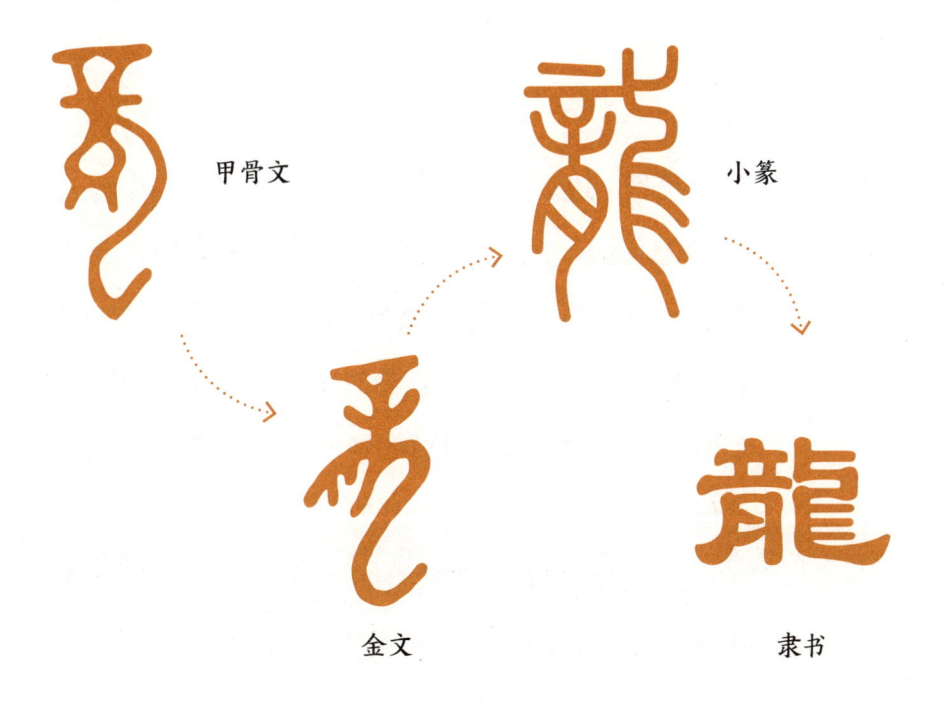

甲骨文

小篆

金文

隶书

你看我的甲骨文祖先,像不像翻转升腾的龙形?上面那个好像刑刀的笔画,是不是代表锐(ruì)利的龙角?龙角下面那些笔画,是不是代表龙头、龙嘴和弯曲的龙身?小篆祖先是不是演变成了左右两部分,看起来既匀称,又美观?左边那一部分,是不是代表龙角、龙头和龙嘴?右边那一部分,是不是代表龙身、龙爪和龙鳍(qí)?隶书祖先是不是演变成了"立"字、"月"字、"匕"字和"彡(shān)"字等字形的组合体?

到了我这一辈,是不是最终演变成了一横一撇、一个竖弯钩和一撇一点?

我的故事

我呀,其实就是那个"龙"字,是"龍(lóng)"的简化写法,最初的意思是一种头上有角,身上有鳞(lín)有爪,能呼风唤雨的神兽。

我长得像九种动物:头似驼,角似鹿,耳似牛,眼似兔,项似蛇,腹似蜃(shèn),鳞似鲤,掌似虎,爪似鹰。

我能显能隐,能粗能细,能长能短。通常是春分上天而去,秋分潜至深渊(yuān),被尊为"鳞虫之长"。

我擅长呼风唤雨,能引来"隆隆(lóng)"的雷声。人们取雷声之音,将我命名为"lóng"。

我最早的原形,可能是蛇、蜥(xī)蜴(yì)或者恐龙之类的动物。起初,只是属于某个部落的单一图腾。为了促进团结和融合,征服一个部落后,就把这个部落图腾的显著特征,加在了原有部落图腾的身上。

久而久之,慢慢形成了一个形象综合体,成为华夏民族共同的图腾。整个华夏民族,人人都视自己为"龙的传人"。

古代帝王为了树立自己的权威,更是将自己附会为龙的化身,自称为"真龙天子"。

"云龙相得起,风电一时来。"(出自唐·齐己《春雨》)

"若教临水畔(pàn),字字恐成龙。"[出自唐·韩偓(wò)《草书屏风》]

很多古诗词里都有我的身影。

我来造字

我们这个家族的汉字，主要和龙有关。

我通常待在我朋友的右边或者头上，有时候也跑到其他位置。

因为我是以"龙"字的身份做偏旁，所以大家都叫我"龙字旁"。

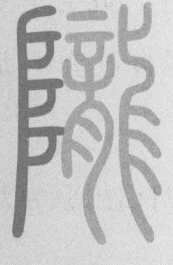

小篆

陇 隶书

我遇到左耳旁（阝），
就变成了"陇（lǒng）"字。

陇山呈西北—东南走向。
陇山以西称"陇右"，亦称"陇西"。

小篆

龚 隶书

遇到"共"字，
就变成了"龚（gōng）"字。

象龚滔天，是说貌象恭敬，过恶漫天。龚行天罚，是恭敬地执行上天安排的讨伐，也就是奉天命而讨伐。

小篆

龑
隶书

遇到"天"字,
就变成了"龑(yǎn)"字。

刘龑是五代十国时期南汉的开国君主。因忌讳(huì)胡僧谶(chèn)言"灭刘氏者,龑也",遂取"飞龙在天"之义,自造一个"龑"字,改名为刘龑。

小篆

笼
隶书

遇到竹字头(⺮),
就变成了"笼"字。

烟雾笼(lǒng)罩鸟笼(lóng)子。

选自《曹全碑》

名帖赏析

　　《曹全碑》，全称《汉郃(hé)阳令曹全碑》。此碑立于东汉灵帝中平二年（185年）十月，系郃阳令曹全的掾(yuàn)属王敞等人为曹全所立的功德碑。因曹全字景完，所以又名《曹景完碑》。此碑书于汉末隶书完全成熟时期，系汉碑代表作之一。就其单字而言，横向取势，结体扁平，中宫收紧，左右舒展，主笔突出，灵活多变，于静稳之中彰显飞动之感。

虎字旁

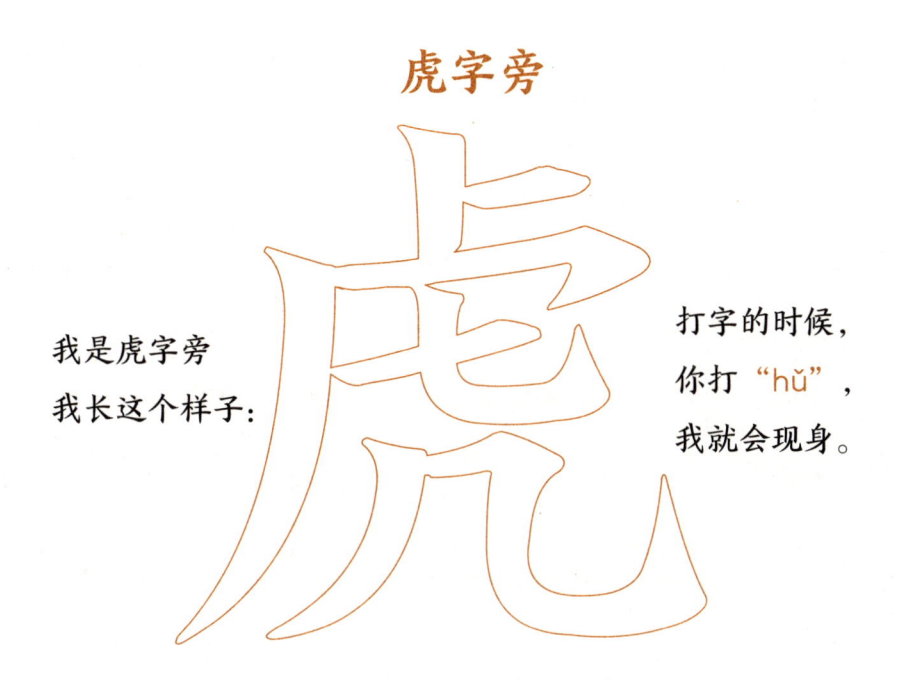

我是虎字旁
我长这个样子：

打字的时候，
你打"hǔ"，
我就会现身。

我的祖先很酷。它们长这个样子：

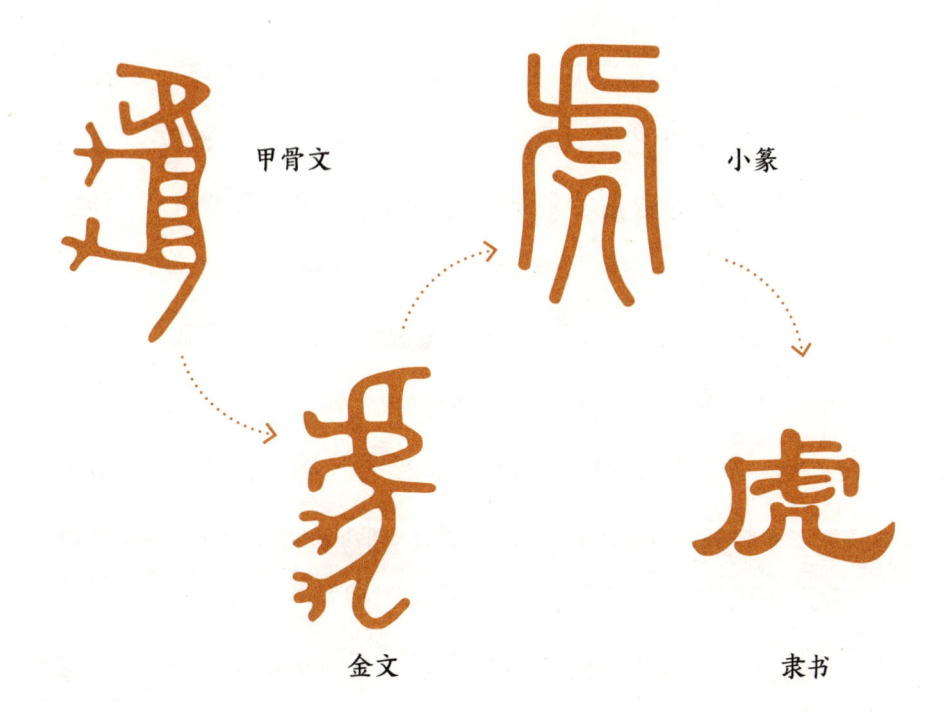

甲骨文

小篆

金文

隶书

你看我的甲骨文祖先，像不像长有大口长尾、尖齿利爪和斑斓（lán）花纹的老虎？金文祖先是不是省写虎身，突出了阔大的虎头、虎口和利齿？小篆祖先的虎头、虎口和利齿，是不是竖直变形，拉长了许多？虎身是不是演变成了一个人形？

后来，是不是慢慢演变成了一竖一横、一个横钩、一撇和一个"七"字、一个"几"字？

我的故事

我呀，其实就是那个"虎"字，最初的意思是老虎。

《说文解字》里说我是"山兽之君"。我作为百兽之王，前额有形似"王"字的斑纹。人们视我为威猛的象征，有"虎虎生威"和"虎虎生风"之美誉。出身优越、能征善战的将军，大家称之为"名门虎将"。连狐狸都沾我的光，"狐假虎威"一番，吓住了很多动物。

如果遇到"沂岭杀四虎"的李逵和"景阳冈打虎"的武松，我还想跟他们较量一番。究竟鹿死谁手，让我们通过最后一战见个分晓。

如果遇到"两头蛇"解（xiè）珍和"双尾

蝎（xiē）"解宝，我想请他们脱下豹皮裤和虎皮套体，扔掉窝弓和药箭，去除所有的伪装和武器，和我光明磊落地再斗上一场。

我和狼都是食肉动物，喜欢吃人。我的小篆祖先由虎头、虎口、利齿和人形组成，特别表明了我是吃人之兽。

人们常用"虎狼之心"来形容凶狠残暴、怀有野心之人。大家看我的时候，总觉得我的目光是"虎视眈眈（dān）"。不过，也有人觉得我可爱，喜欢用"虎头虎脑"来形容小男孩长得健壮憨（hān）厚。

有人认为，我和马虽然体形健壮，但是缺乏人的头脑和机智，于是借用"马马虎虎"来形容做事不认真，粗心大意。

我还是"十二生肖"之一。凌晨三时到五时，也就是寅（yín）时这个时段，我开始四处游荡觅（mì）食，最为活跃和凶猛。人们习惯称我为"寅虎"。

"猛虎啸洞壑（hè），饥鹰鸣秋空。"（出自唐·李白《登广武古战场怀古》）

"虎共空林雪，猿同静夜禅（chán）。"［出自明·止庵法师《送莲峰昶（chǎng）晦（huì）元书记》］

很多古诗词里都有我的身影。

我来造字

我们这个家族的汉字，主要和老虎有关。

我通常待在我朋友的右边，有时候也跑到其他位置。

因为我是以"虎"字的身份做偏旁，所以大家都叫我"虎字旁"。

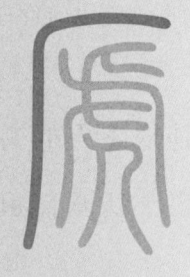

小篆

虎

隶书

我遇到两撇，
就变成了"虒（sī）"字。

虒似虎有角，能行水中，比老虎还要凶猛。虒祁（qí）宫是春秋时期晋国三大宫殿之一，含有虒居大宫，雄霸天下之义。

小篆

虓

隶书

遇到"九"字，
就变成了"虓（xiāo）"字。

虓为虎啸之声。

小篆

唬
隶书

遇到"口"字,
就变成了"唬(hǔ)"字。

唬是老虎怒吼的声音。

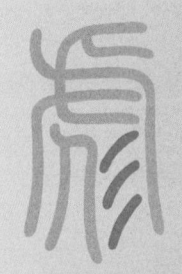

小篆

彪
隶书

遇到三撇儿(彡),
就变成了"彪(biāo)"字。

彪是老虎身上的斑纹。

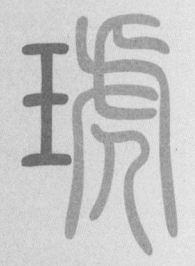

小篆

琥
隶书

遇到"玉"字,
吞掉一点,
就变成了"琥(hǔ)"字。

琥是雕成虎形或者刻有虎纹的玉器。

小篆

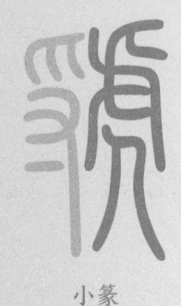

虢

隶书

遇到采字头（⺥）和"寸"字，
就变成了"虢（guó）"字。

假道伐虢。晋国向虞（yú）国借路，讨伐虢国，得胜而归，顺便灭掉虞国。

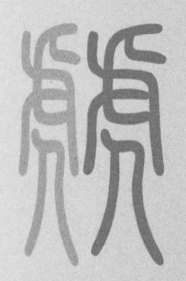

小篆

虤

隶书

遇到我弟弟，
就变成了"虤（yán）"字。

虤为两虎争斗，用来形容老虎发怒的样子。

虎字头

我是虎字头
我长这个样子：

打字的时候，
你打"hū"，
我就会现身。

我的祖先很酷。它们长这个样子：

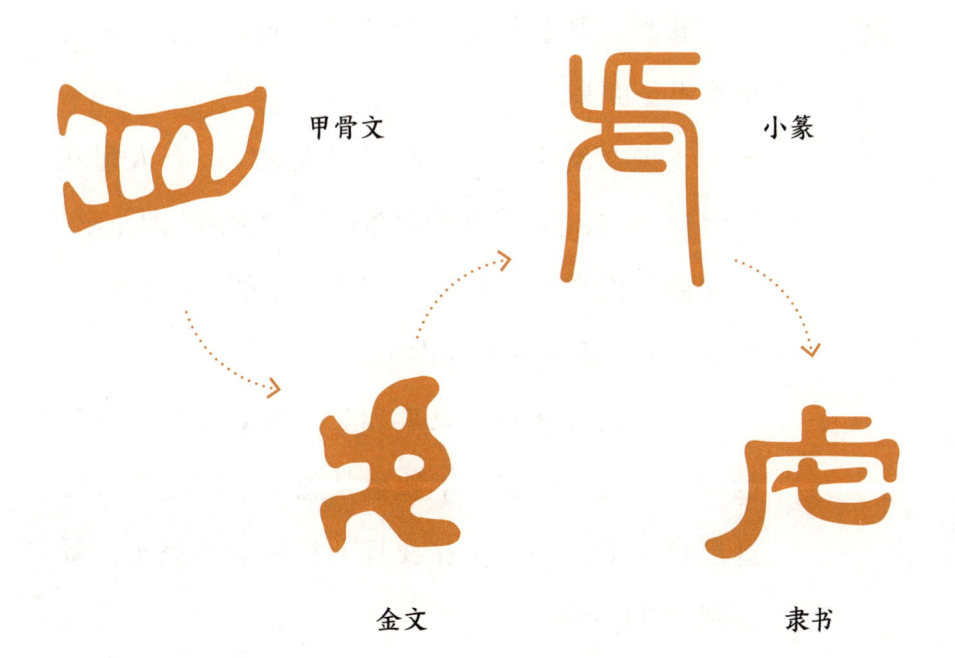

甲骨文

小篆

金文

隶书

你看我的甲骨文祖先,像不像长有大嘴尖牙和斑斓(lán)花纹的虎头?金文祖先身上那个半圆形的笔画,是不是代表阔大的虎头?那个朝左开口的笔画,是不是代表虎口和利齿?连接虎头和虎口的那一竖,是不是表示虎口生于虎头之上?小篆祖先的虎头、虎口和利齿,是不是竖直变形,拉长了许多?

后来,是不是慢慢演变成了一竖一横、一个横钩、一撇和一个"七"字?

我的故事

我呀,其实就是那个"虍(hū)"字,最初的意思是虎头。

《说文解字》里说我是"虎文"。有人附和着解释,说我"象其文章屈曲也"。"文章"即花纹,"屈曲"即弯曲。我身上有虎纹不假,但也有虎口和虎齿,看起来更像虎头。

也有人说我是"未见貌",用来形容看不见的样子。我很好奇,不知他是怎么推断出我含有这层意思的?是不是在我身上只能看到虎头,看不到虎身的缘故?

大家都喜欢我"虎头虎脑"的样子。

我喜欢"狼吞虎咽",吃个痛快。

我最讨厌别人打我牙齿的主意。谁敢"虎口拔牙",我定会让他有去无回。即使侥(jiǎo)幸"虎口余生",也会断胳膊少腿。

我最不想和"蛇尾"做朋友。我做事的风格向来是声势浩大。一旦与"蛇尾"为友,就会变成"虎头蛇尾",最终只能草草收场。

"虎啸风生谷,龙吟雾满鳃。"[出自宋·释慧远《偈(jì)颂》]

"虎饿豺(chái)狼搏,乌穷鸟雀拿。"(出自宋·王之道《春雪和袁望回》)

这些古诗词里的"虎"字,让我感到非常亲切,同时跟着沾染了一番诗意。

我来造字

我们这个家族的汉字,主要和老虎有关。

我总是像雨衣一样披在我朋友的身上。

因为"虎"字是我们这个家族的常见字,我是"虎"字之头,所以大家都叫我"虎字头"。

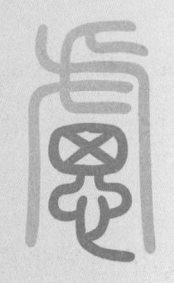

小篆

虑
隶书

我遇到"心"字,
就变成了"慮"字。

心中惧虎,忧虑不安。
"虑"是"慮"的简化字。

小篆

虚
隶书

遇到"业"字,
就变成了"虚"字。

昆仑山就是昆仑虚。虚为大丘。
虎居大丘,更显空旷无人,既感
到空虚,又觉得心虚。

遇到"吴"字，
就变成了"虞（yú）"字。

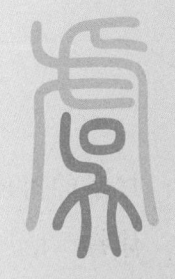

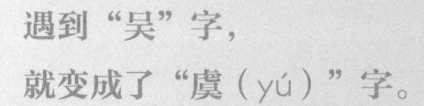

虞即虞人，是古代掌管山林水泽的虞官，头戴虎头面具，开口下达指令。细分之下，又有山虞和泽虞。抑或是仁慈之兽驺（zōu）虞。驺虞是一种老虎，白毛黑纹，尾比身长，从不杀生，专吃自死之兽。

小篆
虞
隶书

遇到"业"字和一撇一点，
就变成了"虡"字。

簨（sǔn）虡（jù）是古代悬挂钟磬（qìng）的架子。两侧立柱为虡，顶端饰有兽头。立柱之间的横木为簨，簨顶连业。业是立在横木上的一块竖板，和横木等长，顶端刻成锯齿样的崇（chóng）牙，起着装饰作用。
"虞"和"簨"原本都是"虡"的异体字，现在以"虡"为正体字。

小篆
虡
隶书

鹿字旁

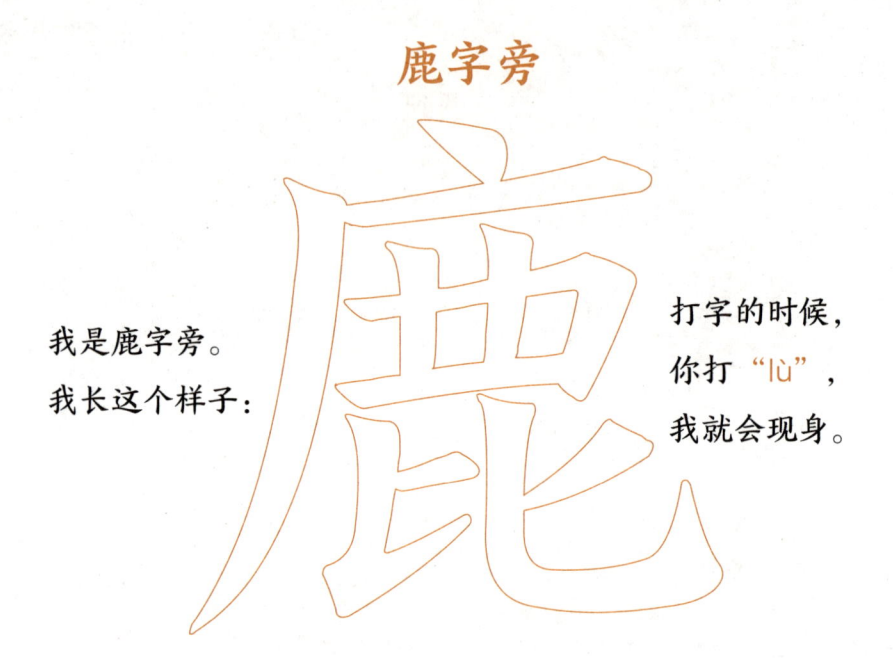

我是鹿字旁。
我长这个样子：

打字的时候，你打"lù"，我就会现身。

我的祖先很酷。它们长这个样子：

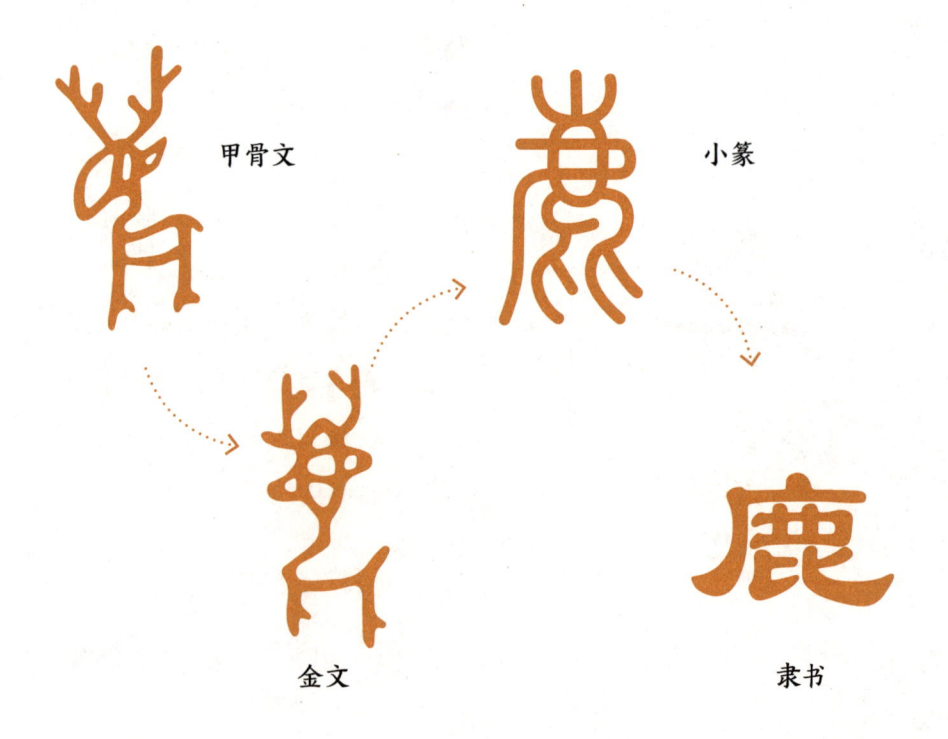

甲骨文

小篆

金文

隶书

鹿

你看我的甲骨文祖先，像不像头、角、身、尾、腿、足俱全的雄鹿？

后来，两腿和两足是不是慢慢演变成了一个"比"字？其他部位是不是演变成了一个"广"字、一个横折和两竖一横？

我的故事

我呀，其实就是那个"鹿"字，最初的意思是生有枝状角的雄鹿，泛指鹿类动物。

我是食草动物，形象美丽，性情温和，只是胆小易惊。受惊后，会狂奔乱撞。人们常用"心如鹿撞"来形容心跳加剧、怦（pēng）然心动的感觉。如果是"心如虎撞"或者"心如狗撞"，估计就没有那么美好了。

我浑身都是宝：鹿肉味美，鹿茸（róng）大补，鹿皮可做鹿皮冠。《周易》里说："即鹿无虞（yú），惟入于林中。"从这句卦辞也能看出，我很早就是人们追逐捕猎的对象。他们为了捉到我，通常会请虞人做向导，以防被困山林。

古人经常用我借指政权。"逐鹿中原"和"秦失其鹿",就都含有这层意思。"鹿死谁手"还有花落谁家的意思,不知谁能获得政权,不知谁能获得最后的胜利。

秦朝奸臣赵高曾经颠倒黑白,混淆(xiáo)是非,当众指着我,说我是马。这个典故叫"指鹿为马"。

东汉桓(huán)氏之女桓少君,放弃丰厚的陪嫁,改穿平民衣服,和丈夫鲍(bào)宣"共挽鹿车归乡里"。这里的"鹿车",是一种小车。此车两辕之间狭窄,仅容一鹿而驾。人们常用"共挽鹿车"来比喻夫妻同心,安贫乐道。

还有个与我有关的典故,叫"蕉(樵)鹿之梦",讲的是郑国的砍柴人虚幻迷离,把真事当成梦,把梦当成真事的故事。人们常用"蕉鹿"来借指梦幻。

"囷(qūn)鹿空虚"里的我,则是指粮仓。古之粮仓,有"圆曰囷,方曰鹿"之分。

"马随山鹿放,鸡杂野禽栖(qī)。"(出自唐·姚合《武功县中作三十首》)

"烟锁花间猿,雨惊岩下鹿。"(出自宋·白玉蟾《游简寂观》)

很多古诗词里都有我的身影。

我来造字

我们这个家族的汉字，主要和鹿类动物有关。

我通常会缩起腿脚，蹲在我朋友的头上，有时候也跑到其他位置。

因为我是以"鹿"字的身份做偏旁，所以大家都叫我"鹿字旁"。

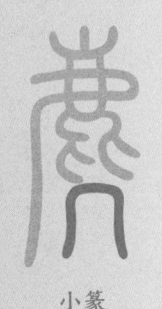

小篆

鹿
隶书

我遇到"几"字，
就变成了"麂（jǐ）"字。

麂子、獐（zhāng）子和狍（páo）子。

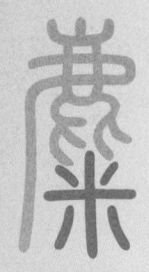

小篆

麋
隶书

遇到"米"字,
就变成了"麋（mí）"字。

麋鹿是四不像。

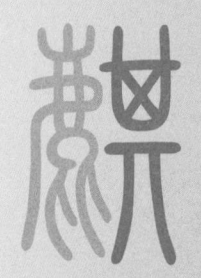

小篆

麒
隶书

遇到"其"字,
就变成了"麒"字。

麒（qí）麟（lín）送子。

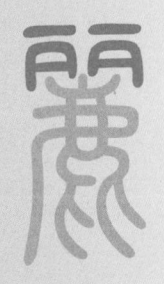

遇到"射"字，
就变成了"麝（shè）"字。

背坞猿收果，投岩麝退香。远离村落的猿猴可以采摘到很多野果，不被饿死。品性刚烈的麝投岩自杀前会用蹄子踢裂香囊，以免被他人攫（jué）取。

麝
小篆

麝
隶书

遇到两横、两竖、
两点和两个横折，
就变成了"麗（lì）"字。

"麗"字现在简化成"丽"，含有成对、好看和附着等意思。《周礼》里面的"麗皮纳聘（pìn）"，是指用两张兽皮行纳聘之礼。鹿有两角，鹿角很美丽，因而用"鹿"字来造字。

麗
小篆

麗
隶书

风字旁

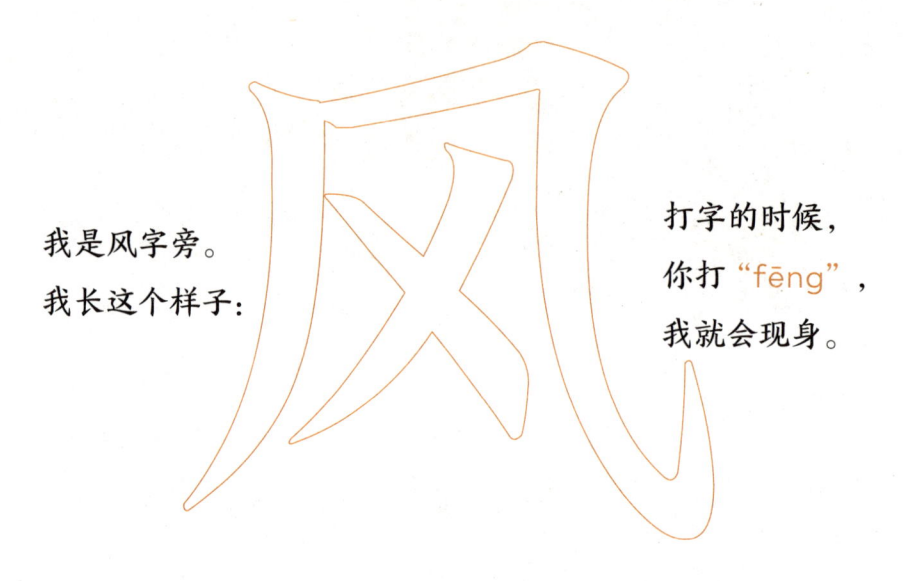

我是风字旁。
我长这个样子：

打字的时候，
你打"fēng"，
我就会现身。

我的祖先很酷。它们长这个样子：

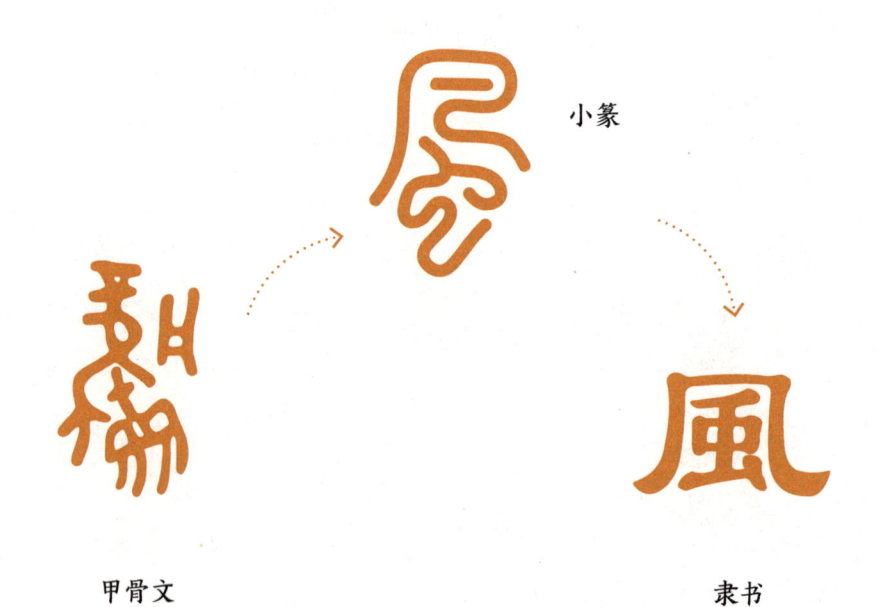

小篆

甲骨文　　　　　　　　　　　　隶书

你看我的甲骨文祖先，像不像生有高冠、长尾和花翎（líng）的凤鸟？凤头右边是不是还有一个盘口朝右，躺卧在地的高圈足盘子？小篆祖先的鸟身，是不是整体演变成了蛇形？身上那个盘子，是不是演变成了"凡"字？隶书祖先是不是演变成了"凡"字和"虫"字的组合体？

到了我这一辈，是不是最终演变成了一撇、一个横折弯钩和一撇一点？

我的故事

我呀，其实就是那个"风"字，是"風（fēng）"的简化写法，最初的意思是空气沿水平方向流动而引起的一种自然现象。

我和"凤"字同源。我们的甲骨文祖先是同一个字，都是以凤鸟为形旁，以"凡"字为声旁。古人认为，凤鸟是风神，风是由凤鸟扇动翅膀产生的，于是经常借"凤"表"风"。

为了更准确地表达词义，人们在"凡"字里面增加一个"鳥（niǎo）"字，另造一个"鳳（fèng）"字，专门用来表示凤鸟。"鳳"字后来又简化为"凤"。

作为一种自然现象，我与季节的变化有关，与虫类的出没也有关。人们取"风动虫生"和"虫生而风行"之义，在"凡"字里面增加一个"虫"字，另造一个"風（fēng）"字，开始借"虫"表"风"。"風"字后来又简化成我现在这个样子。

我可以是"风光"和"风景"，也可以是"风俗"和"风气"，还可以是"风采"和"风范"。《诗经》里的《国风》，就是因为收集反映不同地方风尚的民歌而得名。"采风"因此也成了搜集创作素材的代称。

我发出的声音，大家很远就能听到。人们常用我来借指消息。"闻风而动"就含有这层意思。

"春风桃李花开日，秋雨梧桐叶落时。"（出自唐·白居易《长恨歌》）

"洲以檀（tán）槽旧得名，风来草木自成声。"（出自宋·喻良能《登清音堂》）

很多古诗词里都有我的身影。

我来造字

我们这个家族的汉字，主要和风有关。

我通常待在我朋友的右边，有时候也跑到其他位置。

因为我是以"风"字的身份做偏旁，所以大家都叫我"风字旁"。

小篆

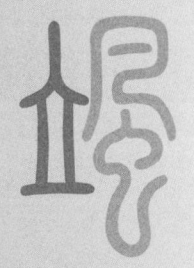

飒

隶书

我遇到"立"字，
就变成了"飒（sà）"字。

秋风飒飒。

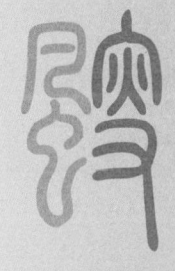

小篆

飕

隶书

遇到"叟（sǒu）"字，
就变成了"飕（sōu）"字。

天气凉飕飕。

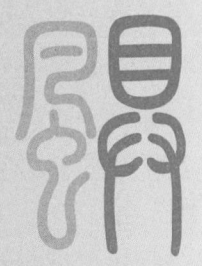

小篆

飓

隶书

遇到"具"字，
就变成了"飓（jù）"字。

飓风过岗，伏草惟存。

小篆
讽
隶书

遇到言字旁（讠），
就变成了"讽（fěng）"字。

讽一劝百，讽刺不是目的。

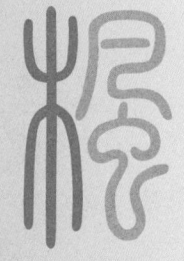

小篆
枫
隶书

遇到"木"字，
就变成了"枫（fēng）"字。

枫叶红了。

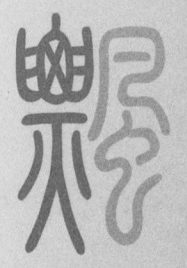

小篆
飘
隶书

遇到"票"字，
就变成了"飘"字。

随风飘扬。

鸟字旁

我是鸟字旁。
我长这个样子：

鸟

打字的时候，
你打"niǎo"，
我就会现身。

我的祖先很酷。它们长这个样子：

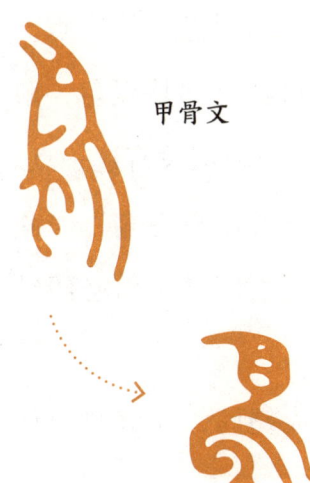

甲骨文

金文

小篆

隶书

你看我的甲骨文祖先,像不像敛(liǎn)爪飞行的飞鸟?那个形似"匕"字的笔画,是不是代表鸟爪?小篆祖先头上那一横,是不是代表鸟眼?

到了我这一辈,是不是最终演变成了一撇、一个横折钩、一点、一个竖折折钩和一横?

我的故事

我呀,其实就是那个"鸟"字,是"鳥"的简化写法,最初的意思是飞禽,泛指鸟类。

我和"乌"字长得很像,只是比它多了一点。这一点,代表的是眼睛。乌鸦全身都是黑色,眼睛和羽毛一个颜色,不用点睛,所以就没有这一点。

《说文解字》里说我是"长尾禽总名"。我倒觉得呀,有羽能飞就算是我的同类,何必纠结于尾长尾短?

我身披羽毛,前肢进化成翅膀,能够自由地飞来飞去。

我的后肢像人腿,可以站在地上,蹦蹦跳跳地行走。还可以像人手一样,握紧树枝,稳稳地立在树上。

我们的嘴叫"鸟嘴",也叫"鸟喙(huì)"。虽然有舌无齿,但是能吃五谷,能啄蛇虫。

我们的叫声叫"鸟叫",也叫"鸟鸣"。天天都有人来听我们鸣叫。他们觉得这叫声比歌声还动听。

我们鸟类很想和人类谈一谈,听一听他们对保护大自然的想法。只是那位懂鸟语的公冶长不知去了何处,我们一直找不到合适的人选给我们做翻译。

"青鸟不传云外信,丁香空结雨中愁。"[出自五代·李璟《摊破浣溪沙(手卷真珠上玉钩)》]

"芳树无人花自落,春山一路鸟空啼。"(出自唐·李华《春行即兴》)

很多古诗词里都有我的身影。

我来造字

我们这个家族的汉字,主要和鸟类有关。

我通常待在我朋友的右边,有时候也跑到其他位置。

因为我是以"鸟"字的身份做偏旁,所以大家都叫我"鸟字旁"。

小篆
鸣
隶书

我遇到"口"字,
就变成了"鸣"字。

是鸟都得鸣两声。

小篆
鸠
隶书

遇到"九"字,
就变成了"鸠(jiū)"字。

斑鸠比家鸽小。

小篆
鸥
隶书

遇到"区"字,
就变成了"鸥(ōu)"字。

海鸥能预知风暴。
"鸥"是"鷗"的简化字。

小篆

鸬
隶书

遇到"卢"字,
就变成了"鸬"字。

鸬(lú)鹚(cí)擅长捕鱼。
"鸬"是"鸕"的简化字。

小篆

凫
隶书

遇到"几"字,
就变成了"凫(fú)"字。

凫是野鸭,会凫水。

小篆

袅
隶书

遇到"衣"字,
就变成了"袅(niǎo)"字。

炊烟袅袅,缭绕上升。
杨柳袅袅,随风摆动。
余音袅袅,绵长不绝。

隹字旁

我是隹（zhuī）字旁。
我长这个样子：

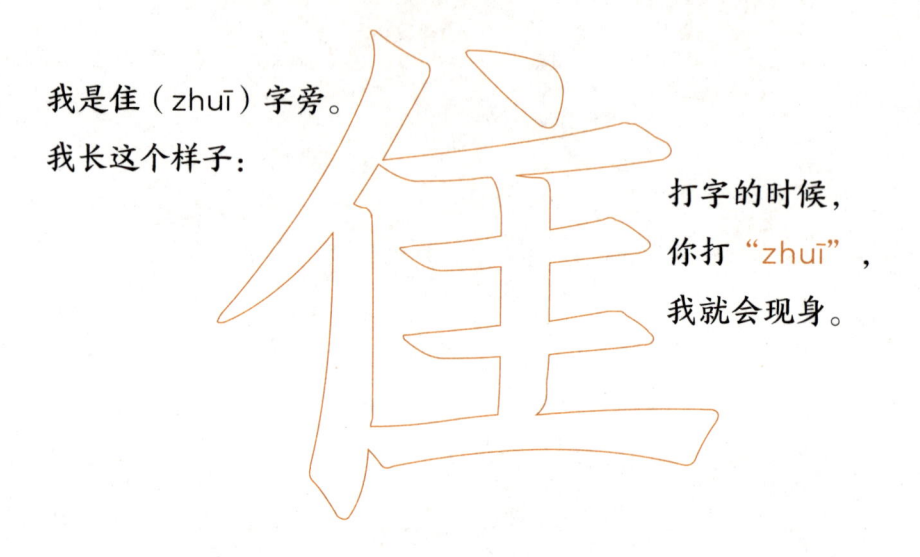

隹

打字的时候，
你打"zhuī"，
我就会现身。

我的祖先很酷。它们长这个样子：

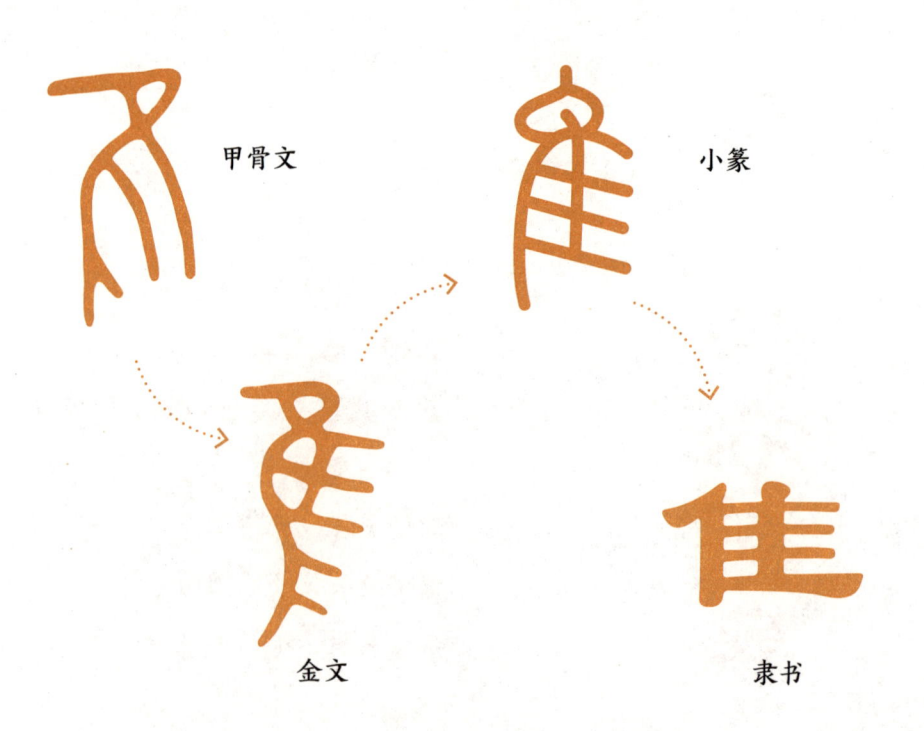

甲骨文

小篆

金文

隶书

你看我的甲骨文祖先，像不像头身和翅爪俱全的小鸟形状？

后来，是不是慢慢演变成了一个单人旁、一点三横和一竖一横？

我的故事

我呀，其实就是那个"隹"字，最初的意思是飞禽，泛指短尾鸟。

"隹，鸟之短尾总名也。象形。凡隹之属皆从隹。"自从《说文解字》给我定调以来，我就以短尾鸟的身份存在。

很多人对此持有异议：雄孔雀的尾巴很长，"雀"字为什么也"从隹"？

有人解释说，这是误解！雄孔雀的尾巴其实很短。我们平时看到的"长尾巴"，是它尾巴上的覆（fù）羽所形成的尾屏。

持有异议的人又问：雄雉（zhì）的尾巴同样很长，"雉"字为什么也"从隹"？它的尾巴，难道也是假尾巴？

解释的人不再解释了,开始默默地寻找新的证据。

我和"鸟"字本是同源而生,从外形上很难看出谁的尾巴长,谁的尾巴短。同一种类的鸟儿,通常也是雌雄有别,雄鸟的尾巴长一些,雌鸟的尾巴短一些。不能一概而论,说哪种鸟儿是长尾鸟,或者是短尾鸟。

万物都是生自母体。古人造字的时候,如果只以雌鸟取形,我的短尾鸟称呼是不是要名正言顺一些?你看那些雌雉、雌孔雀,是不是都是短尾?

"风暖鸟声碎,日高花影重。"(出自唐·杜荀鹤《春宫怨》)

"永无人迹到,时有鸟行过。"(出自唐·司空曙《望水》)

这些古诗词里的"鸟"字,让我感到非常亲切,同时跟着沾染了一番诗意。

我来造字

我们这个家族的汉字,主要和鸟类有关。

我通常待在我朋友的右边,有时候也跑到其他位置。

因为我是以"隹"字的身份做偏旁,所以大家都叫我"**隹字旁**"。

小篆

隼
隶书

我遇到"十"字,
就变成了"隼（sǔn）"字。

鹰和隼都是猛禽。

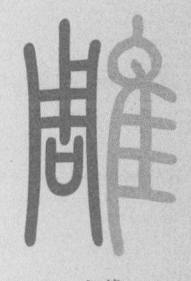

小篆

雕
隶书

遇到"周"字,
就变成了"雕（diāo）"字。

一箭双雕。雕是大型猛禽。雕比鹰大，鹰比隼大。

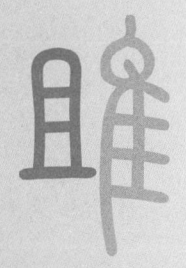

小篆

雎
隶书

遇到"且"字,
就变成了"雎"字。

关关雎（jū）鸠（jiū），在河之洲。

小篆

雒

隶书

遇到"各"字,
就变成了"雒(luò)"字。

日照有个涛雒镇,水流洛洛,涛落为安。

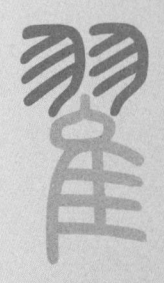

小篆

翟

隶书

遇到"羽"字,
就变成了"翟"字。

墨子名翟(dí)。翟(dí)为长尾野鸡。翟(zhái)先生右手执翟(dí),是说他右手举着野鸡翎(líng)。

羽字旁

我是羽字旁。
我长这个样子：

打字的时候，
你打"yǔ"，
我就会现身。

我的祖先很酷。它们长这个样子：

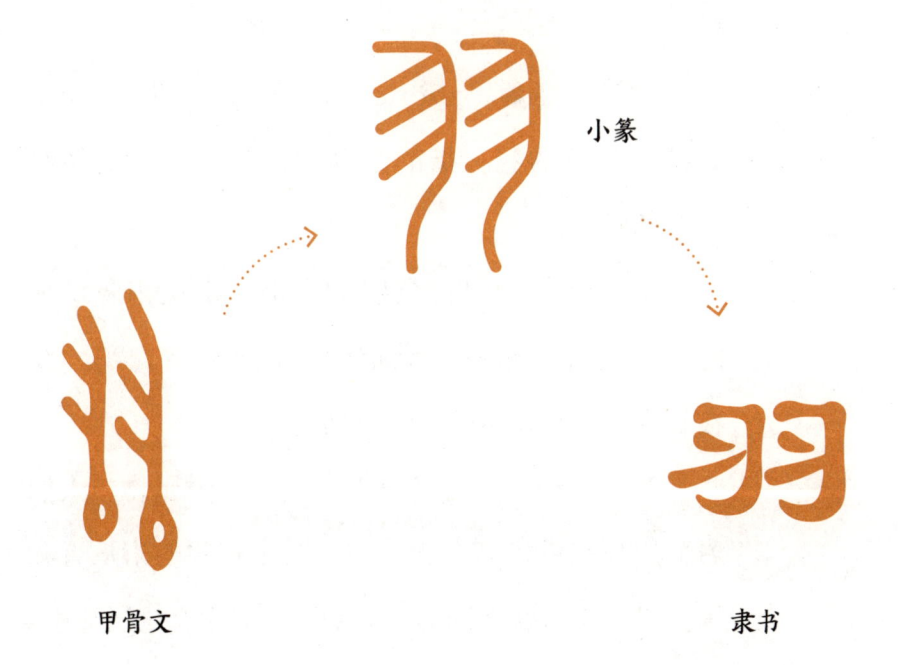

小篆

甲骨文

隶书

你看我的甲骨文祖先，像不像羽茎长长的羽毛？羽茎下方那个圆圈，是不是代表羽根？羽茎两侧的细毛，是不是只画出一侧，省去了另外一侧？小篆祖先是不是演变成了两个翅尖朝下，带有羽毛的翅膀形状？

后来，是不是慢慢演变成了两个"习"字？

我的故事

我呀，其实就是那个"羽"字，最初的意思是鸟翅膀和鸟尾巴上的翎（líng）毛，也就是羽毛。

人们习惯用我来借指鸟类和昆虫的翅膀。

"折羽不复飞，逝水不复归"里的我，指的是鸟翅。

"五月斯螽（zhōng）动股，六月莎（shā）鸡振羽"里的我，指的是莎鸡之翅，也就是纺织娘的翅膀。

保持平衡和保持方向的箭羽，也是用我做成的。古人喜欢用我来借指箭。"平明寻白羽，没在石棱中"中的我，指的就是箭。

我覆（fù）盖在鸟身上，是鸟的附属物。人们习惯用我来借指某个党派或者某个首领的附从者和拥护者。作为贬义词的"党羽"，就含有这层意思。

"羽翼"最初的意思是翅膀。羽翼未丰，是说翅膀还没有长成，用来比喻力量还不够强大。

"羽翼"还是"党羽"的同义词。羽翼众多，即党羽众多。

古代的"羽檄（xí）"，也叫"羽书"，是需要紧急传送的军事文书。人们将我插在文书上面的目的，就是以示紧急，恨不得插翅而至。

昆虫由蛹变蝶或者变蛾，生出翅膀，变成有羽之物，叫"羽化"。

传说人类成仙后，就拥有了飞翔的能力，能像鸟儿一样飞升上天。古人因此将成仙称为"羽化"。道士认为自己死后能够成仙，因而也视去世为"羽化"。

我还是宫、商、角（jué）、徵（zhǐ）、羽"五音"之一。

"乘风音响远，映日羽毛新。"（出自唐·张鷟《莺出谷》）

"长松列左右，清风奏宫羽。"（出自宋·裘万顷《罗溪桥》）

很多古诗词里都有我的身影。

我来造字

我们这个家族的汉字，主要和羽毛有关。

我通常待在我朋友的右边、头上或者脚下，有时候也跑到其他位置。

因为我是以"羽"字的身份做偏旁，所以大家都叫我"羽字旁"。

小篆

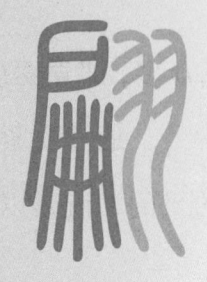

翩

隶书

我遇到"扁"字，
就变成了"翩（piān）"字。

翩是疾飞，形容轻快和潇洒。翩翩两骑（qí）来是谁？

小篆

翚

隶书

遇到"军"字，
就变成了"翚（huī）"字。

翚是奋飞，也指五彩野鸡。鸟革翚飞，出自《诗经》："如鸟斯革，如翚斯飞。"意思是说宫室华丽，廊（láng）檐（yán）似鸟儿展翅，似五彩野鸡起飞。

小篆

翥

隶书

遇到"者"字,
就变成了"翥（zhù）"字。

翥为飞举,自地面高飞而上。
龙翔凤翥。

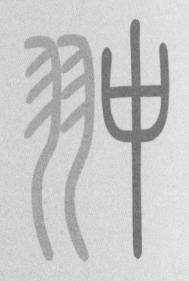

小篆

翀

隶书

遇到"中"字,
就变成了"翀（chōng）"字。

翀为向上直飞。翀举是得道成仙。

小篆

翡
隶书

遇到"非"字,
就变成了"翡(fěi)"字。

翡为赤羽雀,翠为青羽雀。翡帷翠帐,是饰有翡鸟和翠鸟两种羽毛的帐幕。
现在的"翡翠",指的则是一种生有蓝色和绿色羽毛的鸟儿,或者一种色彩艳丽的玉石。

小篆

翘
隶书

遇到"尧"字,
就变成了"翘"字。

连翘(qiáo)花开四瓣。猴子的尾巴翘(qiào)起来。

选自颜真卿书《颜勤礼碑》

好属文
正颐兹早
颇好五
言攸

名帖赏析

颜真卿，唐朝中期名臣，琅琊临沂人，"楷书四大家"（欧阳询、颜真卿、柳公权、赵孟頫）之一。与柳公权并称"颜柳"，素有"颜筋柳骨"之说。《颜勤礼碑》是由颜真卿为其曾祖父颜勤礼撰文并书写的神道碑，立于唐大历十四年（779年），1922年出土。因久埋地下，故保存完好，现藏于西安碑林博物馆，是"颜体"书法艺术的真实呈现。

非字旁

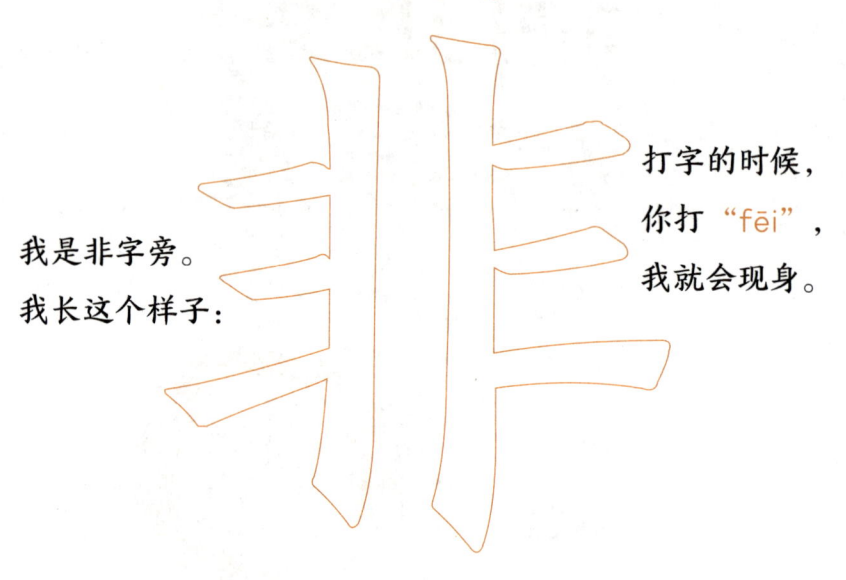

我是非字旁。
我长这个样子:

打字的时候,
你打"fēi",
我就会现身。

我的祖先很酷。它们长这个样子:

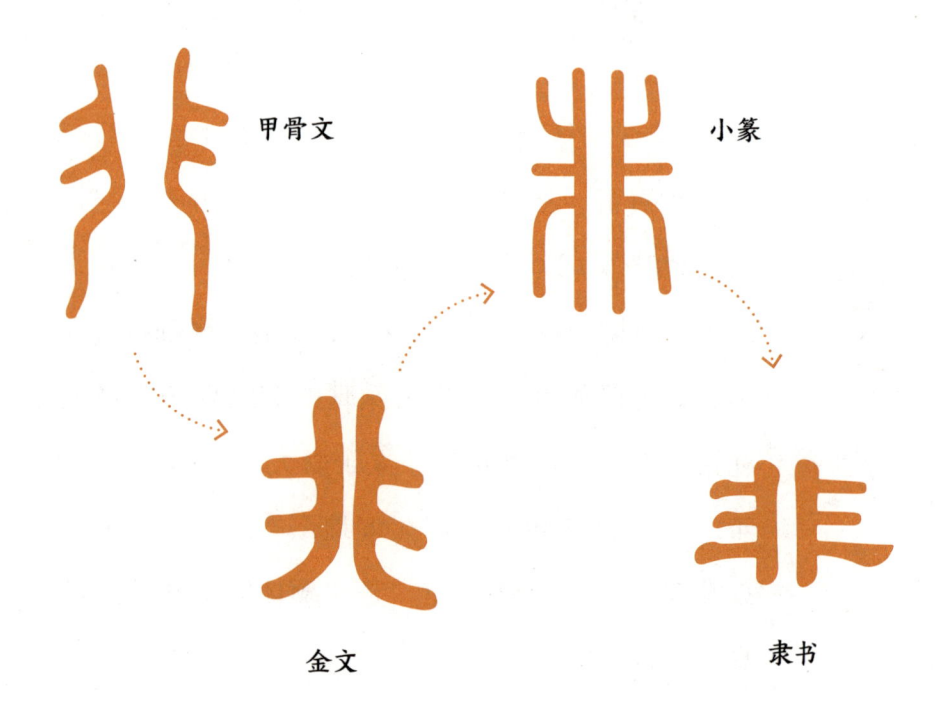

甲骨文

小篆

金文

隶书

你看我的甲骨文祖先，像不像两个鸟翅相背？金文祖先是不是将身子颠倒了一下，变成了翅尖朝下？

后来，两个翅膀是不是分别都演变成了一竖三横？

我的故事

我呀，其实就是那个"非"字，最初的意思是两翅相背。

我和"北"字的形象，都是"相背"。只是我是两翅相背，它是两人相背。

我身上的两个翅膀，虽然相背，但是并未相离，仍长在鸟儿身上。它们的共同目标是让鸟儿飞起来。"北"字身上的两个人，则是相背并且相离，背向而行，各走各的。

也有人说，两个翅膀相背正是鸟儿展翅飞翔的姿态。我的甲骨文祖先和金文祖先，可能是"飞"字最初的写法，后来才假借为"是非"之"非"和"莫非"之"非"。

这种说法似乎有道理，"飞"字连读音都和我一样。它的小篆祖先，也是在我的金文祖先身上增加了鸟头和鸟身而来。

我很注意维护自己的身份，从不"混淆（xiáo）是非"，也不做"似是而非"的事情。

我最喜欢问的问题是："是耶，非耶？"

我最喜欢说的口头语是："非也，非也！"

我最喜欢的哲学命题，是公孙龙先生的"白马非马"。

我最喜欢的名言，是孔子的"非礼勿视，非礼勿听，非礼勿言，非礼勿动"，还有荀子的"是是非非谓之知，非是是非谓之愚"。

"居高声自远，非是藉（jiè）秋风。"（出自唐·虞世南《蝉》）

"明日非今日，长亭更短亭。"（出自宋·石孝友《南歌子》）

很多古诗词里都有我的身影。

我来造字

我们这个家族的汉字，主要和相背有关。

我通常待在我朋友的右边，有时候也跑到其他位置。

因为我是以"非"字的身份做偏旁，所以大家都叫我**"非字旁"**。

小篆

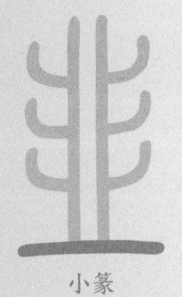

韭

隶书

我遇到"一"字,
就变成了"韭（jiǔ）"字。

夜雨剪春韭。

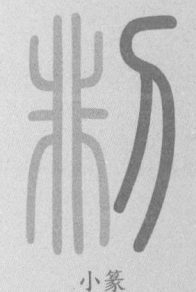

小篆

剕

隶书

遇到立刀旁（刂）,
就变成了"剕（fèi）"字。

剕刑为断足之刑。

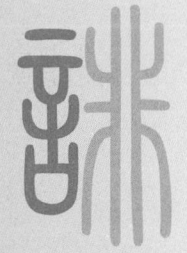

小篆

诽

隶书

遇到言字旁（讠）,
就变成了"诽（fěi）"字。

"诽谤（bàng）"的同义词是"诬（wū）蔑（miè）"。腹诽心谤，意思是嘴上不说，心里指责。

小篆

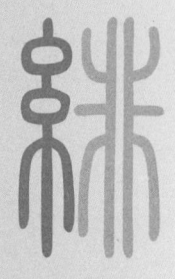

绯

隶书

遇到绞丝旁（纟），
就变成了"绯（fēi）"字。

花开不知人已去，年年斗绿与争绯。

小篆

匪

隶书

遇到匠字框（匚），
就变成了"匪（fěi）"字。

土匪是地方武装匪徒。匪夷所思，"匪"是"非"的通假字，指的是事情或者行为离奇，不是常理所能想象。

西字旁

我是西字旁。
我长这个样子：

打字的时候，
你打"xī"，
我就会现身。

我的祖先很酷。它们长这个样子：

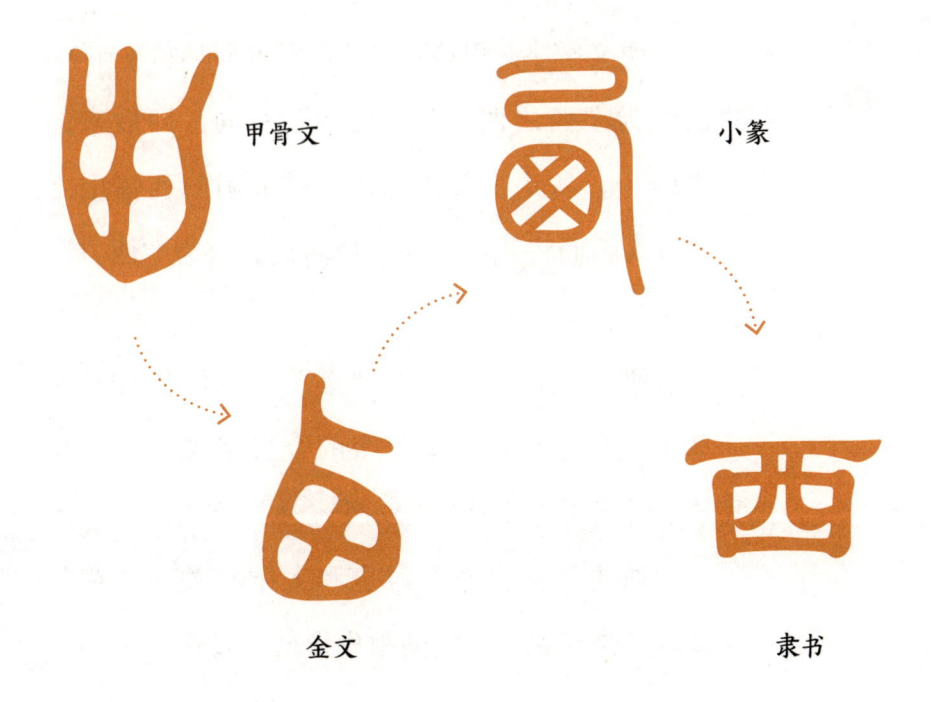

甲骨文

小篆

金文

隶书

你看我的甲骨文祖先，像不像用草木筑成的鸟巢？里面那两横一竖，是不是代表交错编筑在一起的草木？金文祖先身上的鸟巢，是不是演变成横剖面的形状，而且还多了一个承托鸟巢的树杈？小篆祖先身上的鸟巢，是不是演变成方形，而且还增加了一只简化成曲线的小鸟？

后来，是不是慢慢演变成了一横一竖、一个横折、一撇、一个竖折和一横？

我的故事

我呀，其实就是那个"西"字，最初的意思是鸟儿栖（qī）息之处，也就是鸟巢。

《说文解字》里说："日在西方而鸟棲（qī），故因以为东西之西。""鸟棲"一词，即后来的"鸟栖"。鸟儿归巢栖息，正是太阳归西落山之时。古人因而将我假借为方位名词，成为"西方"之"西"。

后来，人们另造一个"巢"字，代替我来表达鸟巢这层意思。"巢"字的金文祖先，即是在我的甲骨文祖先下边增加一个"木"字而来。

"东方"之"东"，也和太阳有关。"东"的繁体字是"東"。它的祖先形似"日在木中"。

此木即榑（fú）桑，通常写为"扶桑"。传说太阳出自旸（yáng）谷，拂（fú）着扶桑的树梢升起。扶桑因而成为日出之处的象征。

我和"东"字可以组成"东西"一词。我们共同表示东方和西方两个方向，也就是太阳升起和落下的方向。人们通常用我们来借指物品。"买东西"，买的并不是东、西两个方向，而是物品。

按照"五行"学说，西方属金，主宰秋季。秋风因而又称为"西风"或者"金风"。"昨夜西风凋碧树"和"古道西风瘦马"中的"西风"，指的就都是秋风。

人们习惯用我来借指"西天"，也就是西方极乐世界。"一命归西"就是这种用法。

我还被用来借指"西洋"，专指欧美地区。"西服""西餐""西药""西红柿"，最早都是来自西洋。

过去有个"襾（yà）"字，意思是覆（fù）盖和包裹。它经常变身为"覆"字之头（覀），猛一看和我相差无几。

"落日望长空，西风雁行起。"（出自宋·吴则礼《赠赵圣源》）

"狂风吹我心，西挂咸阳树。"（出自唐·李白《金乡送韦八之西京》）

很多古诗词里都有我的身影。

我来造字

我们这个家族的汉字，主要和栖息有关。

我通常待在我朋友的右边，有时候也跑到其他位置。

因为我是以"西"字的身份做偏旁，所以大家都叫我"西字旁"。

小篆

酒

隶书

我遇到三点水（氵），就变成了"洒"字。

洒水车洒水。

小篆

茜

隶书

遇到草字头（艹），就变成了"茜（qiàn）"字。

茜草绿叶红根。

小篆

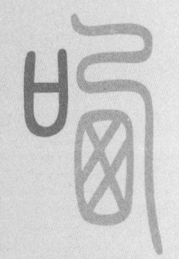

哂

隶书

遇到"口"字，
就变成了"哂（shěn）"字。

哂纳即笑纳。

小篆

栖

隶书

遇到"木"字，
就变成了"栖"字。

水陆两栖。

小篆

晒

隶书

遇到"日"字，
就变成了"晒"。

晒谷子。
"晒"是"曬"的简化字。

皮字旁

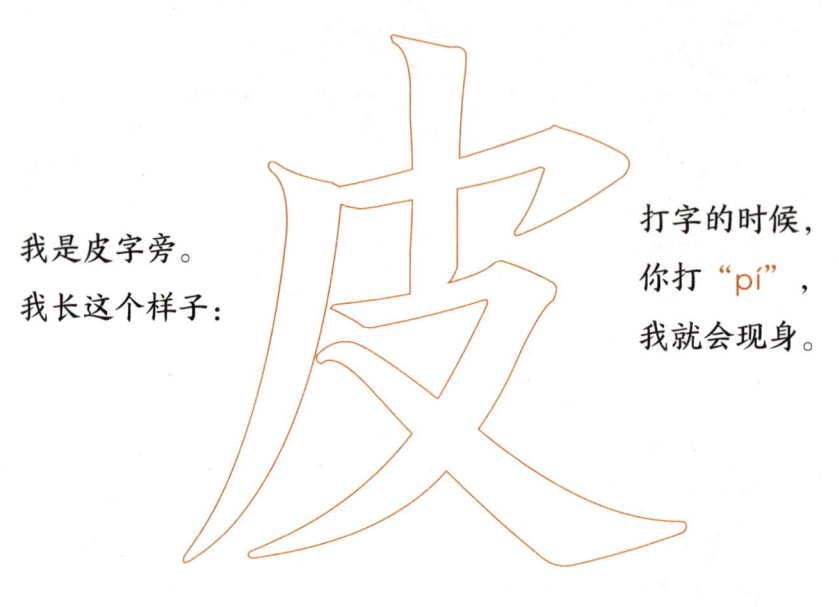

我是皮字旁。
我长这个样子：

打字的时候，
你打"pí"，
我就会现身。

我的祖先很酷。它们长这个样子：

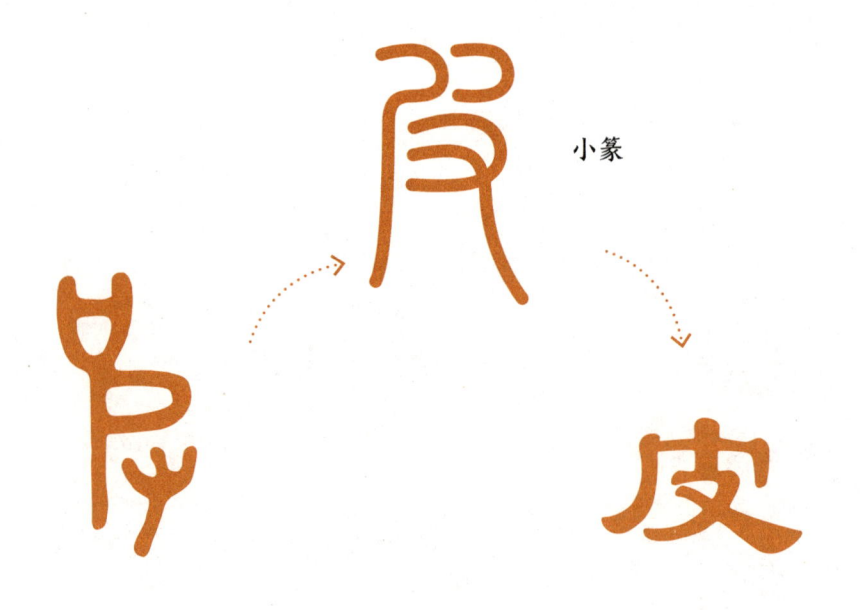

小篆

金文

隶书

你看我的金文祖先，像不像用手剥取兽皮的形状？左边那些笔画，是不是代表兽头和兽身？右边那些笔画，是不是代表剥兽皮的手和已经揭起的兽皮？小篆祖先身上的兽皮，是不是演变成了一个半圆形的笔画？

后来，是不是慢慢演变成了一个横钩、一撇一竖和一个"又"字？

我的故事

我呀，其实就是那个"皮"字，最初的意思是从野兽身上剥下来的兽皮。

古有"生曰皮，理之曰革，柔之曰韦"之说。

我是从野兽身上剥下来，未经任何处理的带毛的兽皮。革是治去兽毛的兽皮。韦是经过鞣（róu）制而变软了的革。它比我和革都要柔软，可以缠绕和捆束物品。

《史记》里面说，孔子"读《易》，韦编三绝"。孔子经常翻阅的那本《周易》，就是用韦编连而成。

现在的"韦"字，很少有人知道它还含有软皮的意思。这层意思已经整合在"革"字之中，由"革"字代替它来表达。我和"革"字组成"皮革"一词，成为各类兽皮和人造皮的统称。

人有人皮，兽有兽皮，树有树皮，地有地皮。万事万物，各有各的皮层。

铁皮可以制烟囱（cōng），塑料皮可以做雨衣，书皮可以包书，豆腐皮可以食用。

我处于事物表面，做的似乎都是一些"水过地皮湿"的事情。人们习惯用我来形容见识肤浅和做事不深入。"皮毛之见"和"浮皮潦（liáo）草"，就分别含有上述意思。

"皮之不存，毛将焉附"这句成语用来比喻事物基础的重要性。事物一旦失去了借以生存的基础，就会无所依附，无法存在。

大家都特别注意保护我，经常给我涂脂抹粉。也有人不懂得珍惜，把我打得"皮开肉绽"，疼痛不已。

也许因为皮质具有坚韧（rèn）的特点吧，人们经常用我来形容具有同样特性的事物。

"皮实"是说身体结实，经得起磕（kē）碰。

"调皮"和"顽皮"，用来形容小孩淘气贪玩，不老实，不听话。

"耍赖皮"，意思是不讲规则，不讲道理，让人感觉难缠。

"竹皮寒旧翠，椒（jiāo）实雨新红。"（出自唐·杜甫《遣闷奉呈严公二十韵》）

"此岂物有罪，罪在角与皮。"（出自宋·何梦桂《送野塘王经历三十韵》）

很多古诗词里都有我的身影。

我来造字

我们这个家族的汉字，主要和皮肤有关。

我通常待在我朋友的右边，有时候也跑到其他位置。

因为我是以"皮"字的身份做偏旁，所以大家都叫我"皮字旁"。

小篆

皱

隶书

我遇到"刍（chú）"字，就变成了"皱（zhòu）"字。

满脸都是皱纹。

"皱"是"皱"的简化字。

小篆

皴
隶书

遇到"俊"字，人冻跑了，
就变成了"皴（cūn）"字。

手脸都冻皴了，皱巴巴的。

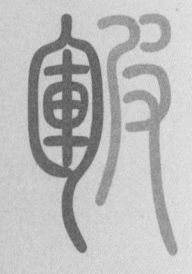

小篆

皲
隶书

遇到"军"字，
就变成了"皲（jūn）"字。

手足皲裂，开了好多口子。

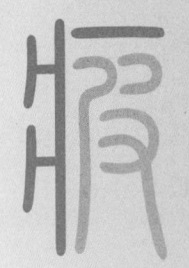

小篆

疲
隶书

遇到病字旁（疒），
就变成了"疲"字。

筋疲力尽。

革字旁

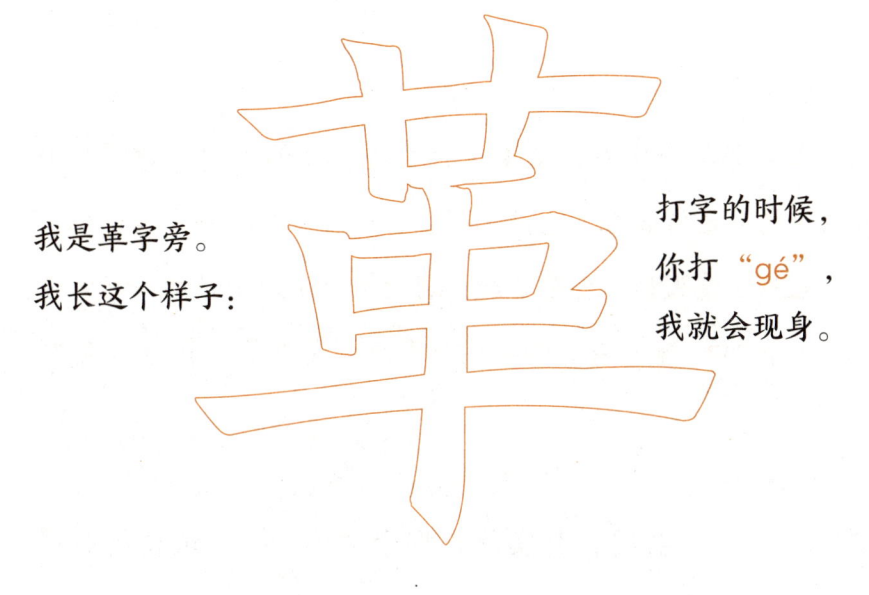

我是革字旁。
我长这个样子：

打字的时候，
你打"gé"，
我就会现身。

我的祖先很酷。它们长这个样子：

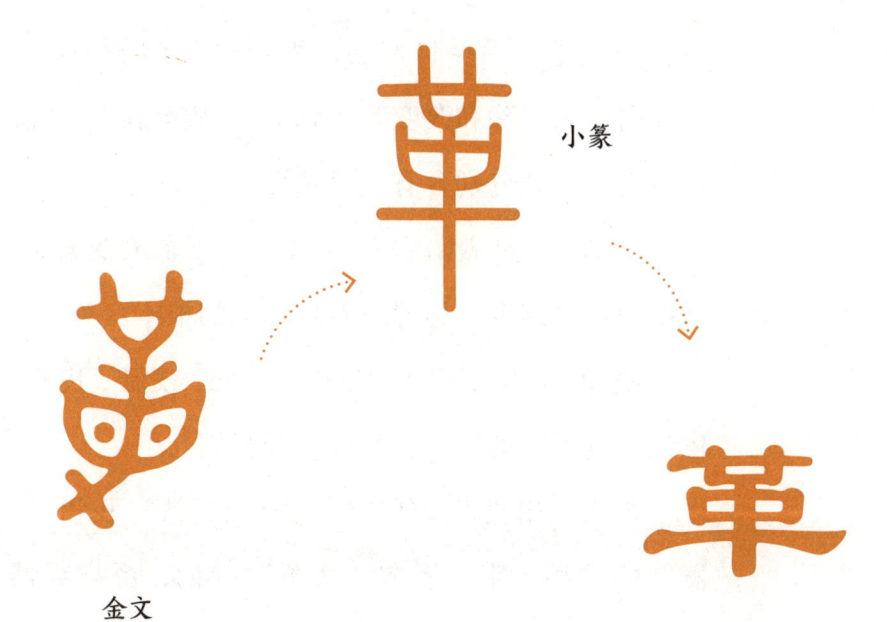

小篆

金文

隶书

你看我的金文祖先，像不像兽头、兽足、兽皮、兽脊和兽尾俱全的野兽形状？那个月牙形的笔画，是不是代表兽皮？兽皮上面那两个小点，是不是表示对兽皮的突出和强调？小篆祖先是不是省去兽足，只保留了兽头、兽皮、兽脊和兽尾？

后来，兽头和兽皮是不是分别演变成了一个"廿（niàn）"字和一个"口"字？兽脊和兽尾是不是演变成了一个"十"字？

我的故事

我呀，其实就是那个"革"字，最初的意思是去毛的兽皮。

《说文解字》里说我是"兽皮治去其毛"。"治去其毛"后，自然会改变原来的样子。我因而又引申为去除和改变等意思。"革故鼎新"和"洗心革面"，就分别含有上述意思。

"革职"是撤销职务。"革命"则是改变天命，引申为社会制度、思想或者技术上的根本变革。

我和"皮"字组成"皮革"一词。皮鞋、皮衣、皮包和皮手套的制作，都离不开我们。

古人常用我来制作铠甲、头盔和盾牌。我和"兵器"的"兵"字，组成"兵革"一词，泛指兵器和盔甲等武器装备，借指战争。

我还是金、石、土、革、丝、木、匏（páo）、竹"八音"之一，专指用动物皮革做成的鼓类乐器。

"兵革既未息，儿童尽东征。"（出自唐·杜甫《羌村三首》）

"满天风雪满天愁，革命何须怕断头？"（出自近代·杨超《就义诗》）

很多古诗词里都有我的身影。

我来造字

我们这个家族的汉字，主要和皮革有关。

我通常待在我朋友的左边，有时候也跑到其他位置。

因为我是以"革"字的身份做偏旁，所以大家都叫我"革字旁"。

勒

小篆

勒

隶书

我遇到"力"字，就变成了"勒"字。

悬崖（yá）勒（lè）马，勒（lēi）紧缰绳。

小篆

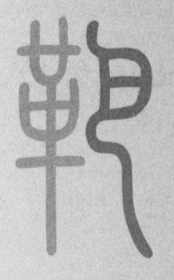

靶

隶书

遇到"巴"字,
就变成了"靶"字。

打靶归来。

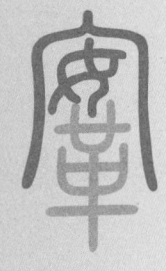

小篆

鞍

隶书

遇到"安"字,
就变成了"鞍"字。

下马解鞍。
"鞍"原本是"鞌"的异体字,
现在以"鞍"为正体字。

小篆

鞑

隶书

遇到"达"字,
就变成了"鞑"字。

鞑(dá)靼(dá)是古代汉族
对北方游牧民族的统称。
"鞑"是"韃"的简化字。

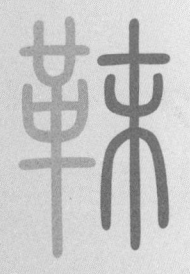

小篆

靺
隶书

遇到"末"字,
就变成了"靺"字。

靺(mò)鞨(hé)是古代东北方的一个少数民族。

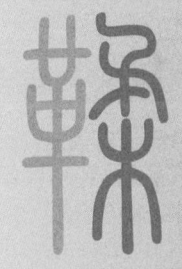

小篆

鞣
隶书

遇到"柔"字,
就成了"鞣(róu)"字。

鞣制兽皮,使之变软,制成皮革。

小篆

缂
隶书

遇到绞丝旁(纟),
就变成了"缂(kè)"字。

缂丝织造,通经断纬。缂丝也称"刻丝",是古代的一种丝织手工艺,也指用缂丝法织成的衣物。缂丝织好后,上面有精美的花纹和图案,当空照视,犹如刻镂(lòu)而成。

选自米芾书《木兰辞》

买骏马，西市买鞍鞯，南市买辔头，北市买长鞭。

名帖赏析

《木兰辞》，又名《木兰诗》，收入北宋文学家郭茂倩编纂（zuǎn）的《乐府诗集》。米芾（fú），北宋著名书画家和书画理论家，习书自"集古字"入手，注重整体气韵，兼顾细节，讲究"稳不俗，险不怪，老不枯，润不肥"。米芾书《木兰辞》，为其行书力作。

毛字旁

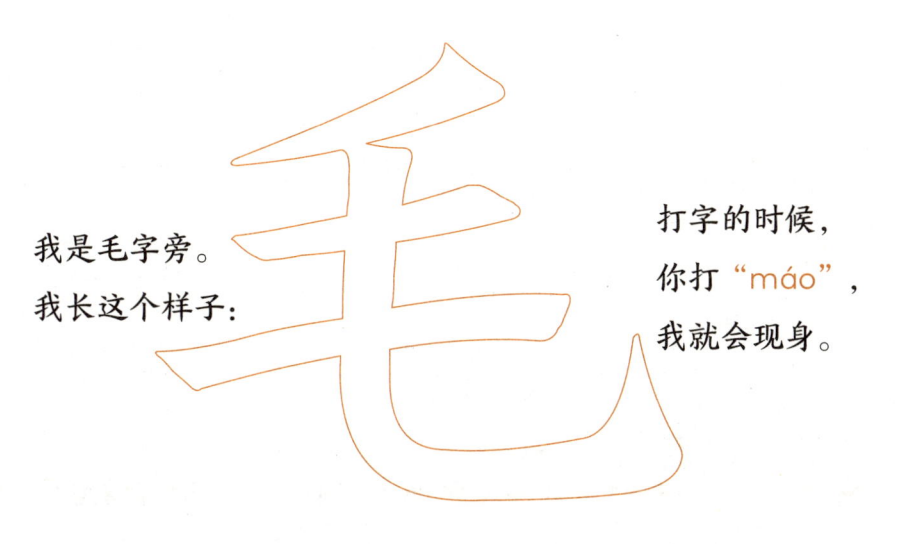

我是毛字旁。
我长这个样子：

打字的时候，
你打"máo"，
我就会现身。

我的祖先很酷。它们长这个样子：

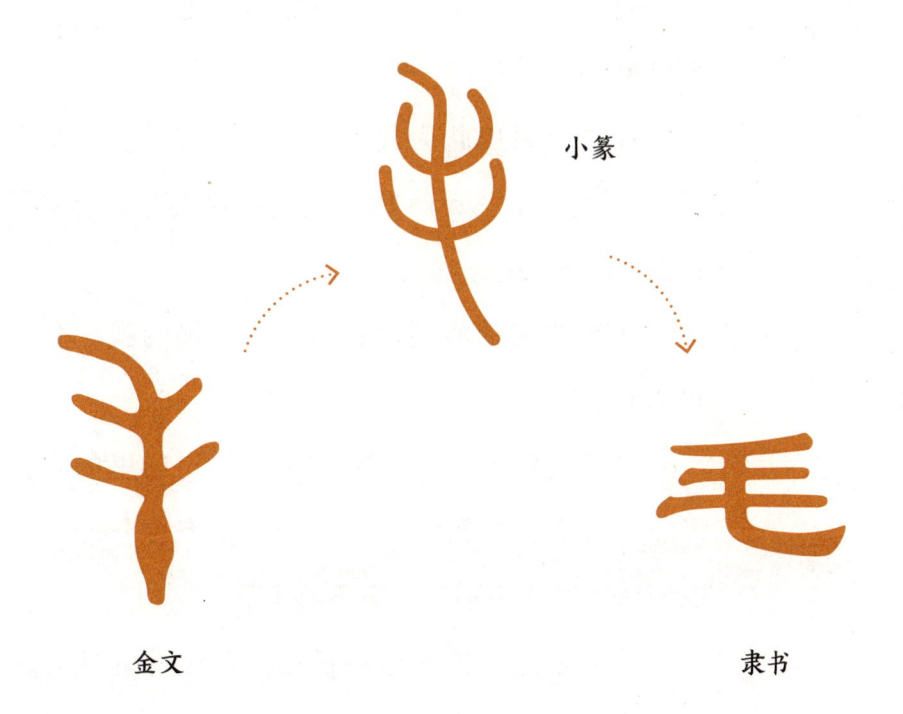

小篆

金文

隶书

你看我的金文祖先，像不像尾巴根朝下，尾梢朝上的尾巴？两边那些笔画，是不是代表攒（cuán）聚在一起的尾毛？后来，是不是慢慢演变成了一撇两横和一个竖弯钩？

我的故事

我呀，其实就是那个"毛"字，最初的意思是尾毛，借指兽毛，泛指毛状物。

我通常生长在人类和鸟兽的皮肤上。

我和"皮"字，可以组成"皮毛"一词，也可以组成"毛皮"一词。

我很感激皮肤为我提供了立足之地。"皮之不存，毛将焉（yān）附"这句成语很好地说明了我们之间的关系。

鸟类的羽轴两侧也有我。这时候的我，名字叫"羽毛"。

"嘴上没毛，办事不牢。"这句话里的我，指的是胡须。"嘴上没毛"之人，自然是年轻人。他们往往经验不多，办事不够牢靠。

不毛之地，指的是不长草木和庄稼的地方，

通常用来形容荒凉和贫瘠（jí）。

带着我称重，称出来的是"毛重"。减去我的重量，才是"净重"。

毛毛雨是和我一样细密的小雨。

毛细血管是和我一样极细的血管。

一毛钱等于十分钱，是和我一样微不足道的小钱。"一毛钱也不值"，是说没什么价值。"一毛钱关系也没有"，是说没有一点儿关系。

"抓住一个毛贼"，抓住的是和我一样难成气候，而又惹人讨厌的小贼。

"毛手毛脚"，是说手上有我，脚上也有我，做起事来不利索。

我属于低微一族，人们把我看得很轻，常有"轻于鸿毛"之说。

谁都想"鸡毛飞上天"，小人物都想办大事。我也不例外，一直在默默地努力。

"日出扶桑一丈高，人间万事细如毛。"（出自唐·刘叉《偶书》）

"毛桃犹带蕊（ruǐ），青杏已团枝。"[出自宋·李廌（zhì）《春日即事九首》]

很多古诗词里都有我的身影。

我来造字

我们这个家族的汉字,主要和毛状物有关,和毛制品有关。

我通常把我朋友揽到我怀里,有时候也跑到其他位置。

因为我是以"毛"字的身份做偏旁,所以大家都叫我"毛字旁"。

小篆

毡

隶书

我遇到"占"字,
就变成了"毡(zhān)"字。

戴着毡帽,披着毛毡,如坐针毡。毡子多是用羊毛做成的。"毡"是"氈"的简化字。

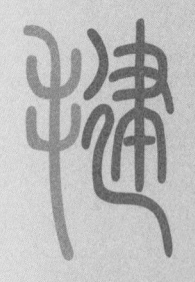

小篆

毽

隶书

遇到"建"字,
就变成了"毽(jiàn)"字。

里踢外拐踢毽子,踢碎香风抛玉燕。

小篆

牦
隶书

遇到"牛"字,
就变成了"牦(máo)"字。

西藏牦牛号称"高原之舟",
叫声像猪。

小篆

笔
隶书

遇到竹字头（⺮），
就变成了"笔"字。

读书破万卷,下笔如有神。
"笔"是"筆"的简化字。

小篆

毳
隶书

遇到我弟弟和我妹妹,
就变成了"毳(cuì)"字。

毳毛是人身上的汗毛,鸟兽身上的细毛。

选自黄庭坚书《松风阁诗帖》

力贫买酒醉此庭夜雨鸣廊到晓悬相看不归卧僧毡泉

名帖赏析

　　黄庭坚，字鲁直，自号山谷道人，洪州（古称豫章）分宁人，世称黄山谷、豫章黄先生。与苏轼并称"苏黄"，为"宋四家"（苏轼、黄庭坚、米芾、蔡襄）之一。《松风阁诗帖》写于湖北鄂城樊山，是黄庭坚最负盛名的行书精品。

隶字旁

我是隶(lì)字旁。
我长这个样子：

打字的时候，
你打"lì"，
我就会现身。

我的祖先很酷。它们长这个样子：

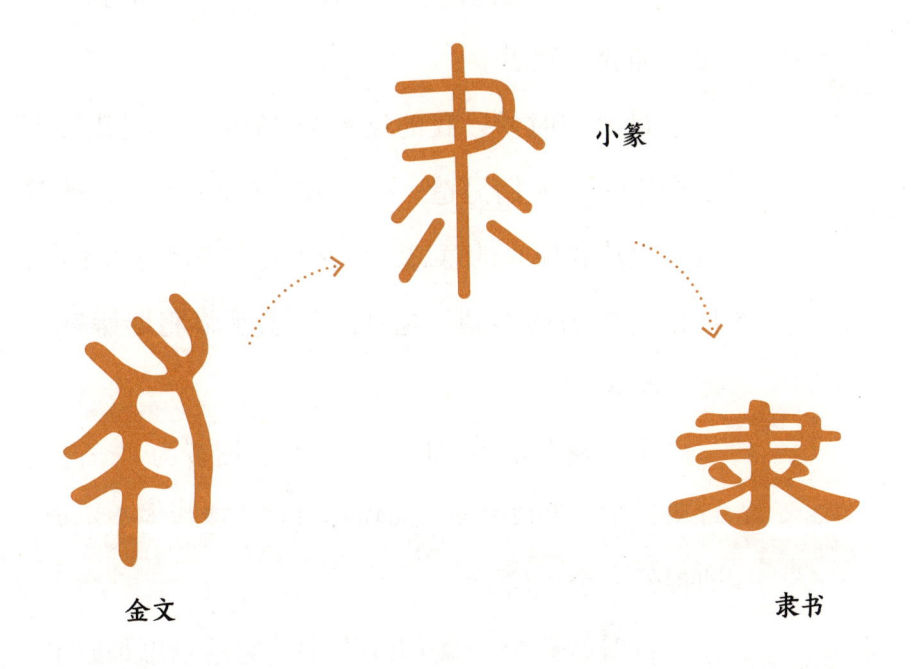

小篆

金文

隶书

你看我的金文祖先，像不像用手抓住野兽尾巴的形状？小篆祖先身上的尾巴，是不是向上延长了一截？人手是不是移到了尾巴正上方？

后来，是不是慢慢演变成了一个横折、两横、一个竖钩和一点一提、一撇一捺？

我的故事

我呀，其实就是那个"隶"字，最初的意思是从后面抓住野兽尾巴，引申为追上、达到、捉住和捕获等意思。

最早的时候，我的读音为"dài"。当我做了偏旁以后，人们另造一个"逮（dài）"字，代替我来表达我原来的意思。力所不逮，即是力所不及，自己的能力达不到。逮捕，意思是将犯罪嫌疑人捉拿起来。

当"逮"字用于口语的时候，读音为"dǎi"，意思是捉。猫逮老鼠，即猫捉老鼠。逮住一个小偷，即捉住一个小偷。

古时候有个"隶（lì）"字。它的意思是奴隶。

"蛮（mán）隶"和"夷隶"，指的就是征服蛮族和夷族后，由战俘所充当的奴隶。

奴隶是奴隶主的私有财产，附属于主人。"隶"字因而又引申为附属的意思。各有配隶，即是各有配属。程邈（miǎo）造隶，即是程邈创造隶书。秦朝时期，小篆是官方字体，处于主导地位；隶书是辅助字体，处于附属地位。直到西汉末年，隶书才彻底取代了小篆。

汉字简化的时候，"隶"字干脆简化成我的样子，由我代替它来表达它所有的意思。我的读音也随之变为"lì"，"dài"这个读音反而很少有人知道了。

"策牍（dú）试篆隶，丹青写飞走。"（出自宋·苏辙《画学董生画山水屏风》）

"奈何作奴隶，生死随将军。"（出自明·徐有贞《古从军行三首》）

很多古诗词里都有我的身影。

我来造字

我们这个家族的汉字，主要和捕获有关。
我的朋友少得可怜。我很珍惜我们之间的友谊。
因为我是以"隶"字的身份做偏旁，所以大家都叫我"隶字旁"。

小篆

逮

隶书

我遇到走之旁（辶），
就变成了"逮"字。

逮（dǎi）住小偷，逮（dài）捕归案。口头用语读"dǎi"，书面用语读"dài"。

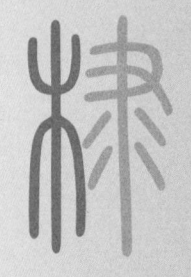

小篆

棣

隶书

遇到"木"字，
就变成了"棣"字。

常（táng）棣（dì）之华（huā），鄂不（fū）韡韡（wěi）。"华"是"花"的本字，是它最初的写法。"不"是"柎（fū）"的本字，意思是花托。棠棣树上花儿开放，花萼和花托鲜亮茂盛。

角字旁

我是角字旁。
我长这个样子：

打字的时候，
你打"jiǎo"，
我就会现身。

我的祖先很酷。它们长这个样子：

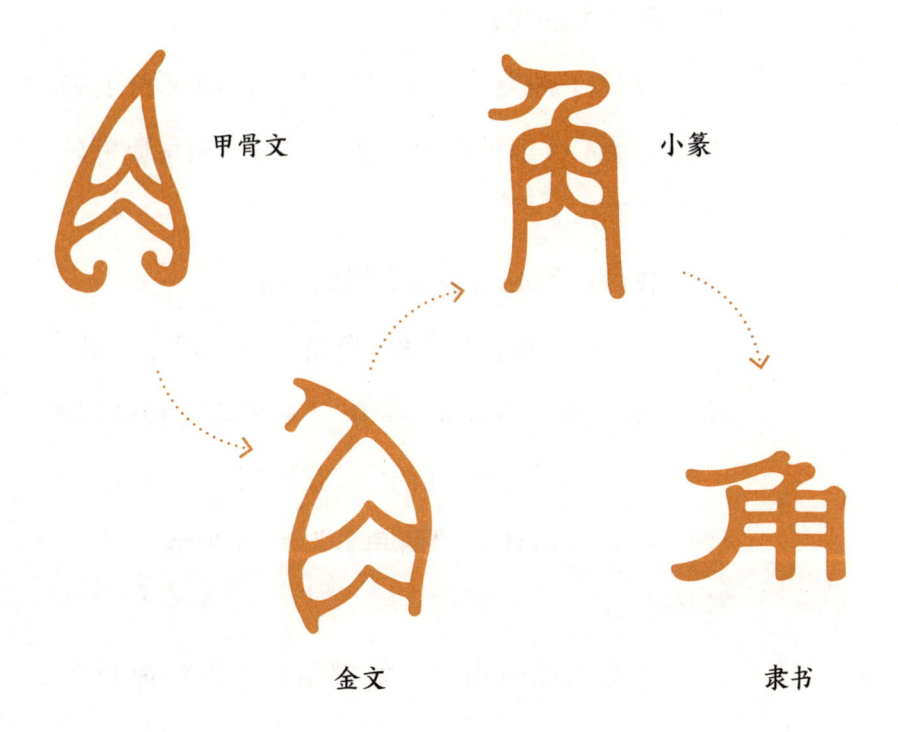

甲骨文

小篆

金文

隶书

你看我的甲骨文祖先,像不像上尖下粗,略微弯曲,表面带有纹理的兽角?金文祖先的角尖上,是不是还延伸出一个叉形笔画?这个叉形笔画,是不是表示对锐(ruì)利角尖的突出和强调?

到了我这一辈,是不是最终演变成了一撇、一个横钩、一撇、一个横折钩和两横一竖?

我的故事

我呀,其实就是那个"角"字,最初的意思是牛角之类的兽角。

我长在兽类动物头部,是它们用来自卫和攻击的武器。一般的野兽都有两只角。独角兽例外,只有一只角。

我可以组成很多有意思的词语。

有"菱(líng)角"和"皂角",有"直角"和"锐角",有"桌子角"和"墙角"。它们都是形状似我。

有"号角",有"画角"。它们同为军号或乐器。

有"一角钱""两角钱""五角钱"。一元等于十角。

还有"成山角""好望角""天涯海角"。

它们都是伸入海中的尖角形陆地。

古时候八九岁的儿童，通常将头发挽成两个发髻（jì），竖在头上，状如两角。古人称之为"总角"。人们经常用这个词语来借指童年。总角之交，指的是童年时期结交的同龄好友。

我是"二十八星宿（xiù）"之一。亢（kàng）、氐（dī）、房、心、尾、箕（jī）六星，和我共同组成龙的形象，合称为"苍龙七宿"。我是七宿之首，有角宿一和角宿二两颗星星，代表苍龙头上的两只角。

我还有个读音为"jué"。"角色"和"角逐"，都是这个读音。我作为古代"五音"之一的时候，也是这个读音。

"宗庙之祭，贵者献以爵（jué），贱者献以散（sǎn）；尊者举觯（zhì），卑者举角（jué）。"爵、散、觯、角，都是酒器。爵的容量是一升，散的容量是五升，觯的容量是三升，角的容量是四升。

宗庙祭祀（sì）时，酒器以小为贵，用较小的酒器迫使尊者注意节制，保持斯文。向尸行敬酒礼的时候，通常是尊者用爵向尸敬酒，卑者用散向尸敬酒。祭祀结束，开始宴（yàn）饮，尊者用觯来饮酒，浅斟（zhēn）慢酌（zhuó）；卑者用角来饮酒，胡吃海喝。

您看古人是不是挺有讲究？我觉得我作为酒器时也挺有意思、挺有价值。

"墙角数枝梅，凌寒独自开。"（出自宋·王安石《梅花》）

"醉里挑灯看剑，梦回吹角连营。"（出自宋·辛弃疾《破阵子·为陈同甫赋壮词以寄之》）

很多古诗词里都有我的身影。

我来造字

我们这个家族的汉字，主要和兽角有关，和酒器有关。

我通常待在我朋友的左边，有时候也跑到其他位置。

因为我是以"角"字的身份做偏旁，所以大家都叫我"**角字旁**"。

小篆

觥

隶书

我遇到"光"字，就变成了"觥（gōng）"字。

觥是用兕（sì）角做成的酒杯或者是带有兽头盖子的酒杯，通常用来泛指酒杯。觥筹（chóu）交错，意思是酒杯和酒筹交叉错杂，用来形容众人相聚饮酒的热闹场面。

遇到"殇"字,"歹"字跑掉,就变成了"觞(shāng)"字。

觞是盛满酒的酒杯,和觥一样,都可以用来泛指酒杯。曲水流觞,是参加宴饮时将盛满酒的觞放到弯弯的流水中,停在谁的面前,谁就即兴赋诗,饮下觞中之酒。

觞 小篆
觞 隶书

遇到"刀"字和"牛"字,就变成了"解"字。

庖(páo)丁解(jiě)牛,分解(jiě)牛体。苏三起解(jiè),押解(jiè)上路。解(xiè)先生跑马卖解(xiè),使出浑身解(xiè)数。

解 小篆
解 隶书

遇到"此"字,就变成了"觜"字。

"觜"有两个读音。读"zuǐ"时,意思是鸟嘴,借指形似鸟嘴的东西。门开沙觜静,船系树根牢。靠河或者靠海的沙滩前端尖尖,伸入水中,名叫"沙觜",也写为"沙嘴"。读"zī"时,意思是角觜,也叫"毛角",指的是猫头鹰头上的两撮长毛。

觜 小篆
觜 隶书

选自王羲之书《兰亭序》（冯承素摹本）

永和九年岁在癸丑暮春之初會
于會稽山陰之蘭亭脩禊事
也羣賢畢至少長咸集此地
有崇山峻領茂林脩竹又有清流激
湍暎帶左右引以為流觴曲水
列坐其次雖無絲竹管弦之
盛一觴一詠亦足以暢叙幽情

名帖赏析

　　王羲之，字逸少，东晋书法家，有"书圣"之称。永和九年（353年）农历三月三日，时任会稽内史的王羲之和名士谢安等41人在山阴兰亭举行禊（xì）祭活动。众人引溪水为流觞曲水，饮酒赋诗，汇成诗集。王羲之挥毫作序，记下当时文人雅集的情景，此即千古名篇《兰亭集序》。《兰亭集序》又名《兰亭序》，为历代书法家所敬仰，被誉为"天下第一行书"。可惜原件已经失传，我们现在看到的只是各种摹本。

爪字旁

我是爪字旁。
我长这个样子：

打字的时候，
你打 "zhuǎ"，
我就会现身。

我的祖先很酷。它们长这个样子：

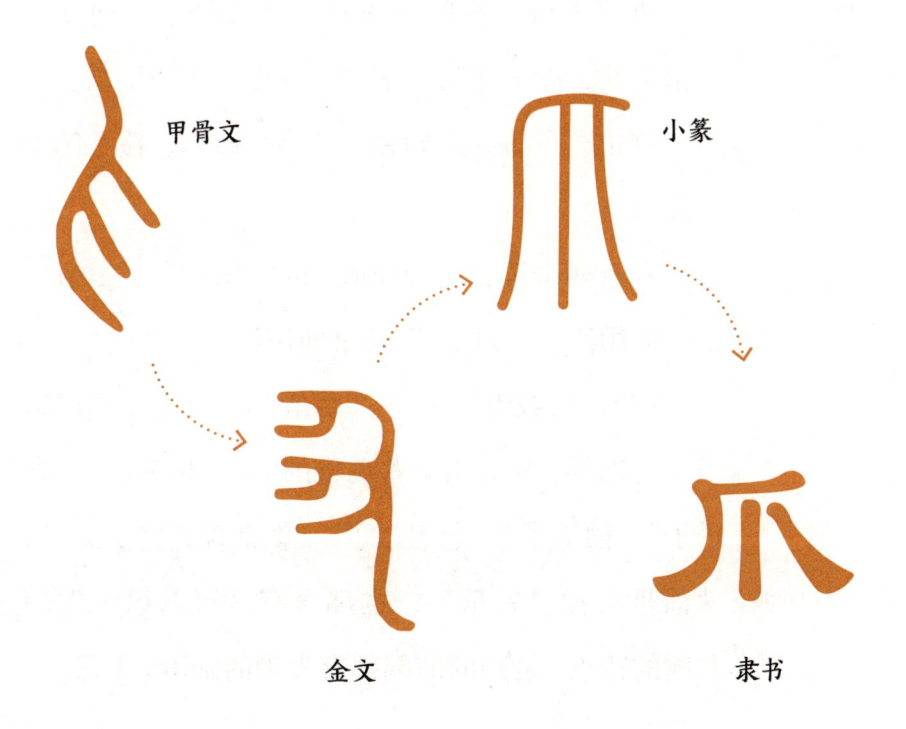

甲骨文

小篆

金文

隶书

你看我的甲骨文祖先，像不像尖利的鸟爪？金文祖先的爪子上，是不是还画出了趾（zhǐ）甲？

后来，是不是慢慢演变成了两撇一竖和一捺？

我的故事

我呀，其实就是那个"爪"字，最初的意思是鸟爪。

也有人说，我的祖先看起来像是手掌向下，手指叉开，以手抓物，最初的意思应该是手爪。

这正合了古人那句话："仰手曰掌，覆（fù）手曰爪。"

我有两个读音："zhuǎ"和"zhǎo"。"zhuǎ"是口语用法，"zhǎo"是书面用语。

有时候，我专指人手。"手爪"就含有这层意思。

有时候，我专指某些鸟兽的脚。"鸡爪子""狗爪子""猫爪子""老虎爪子"，就都含有这层意思。

"前爪"和"后爪"，也都含有这层意思。它们共同的特点，是脚的前端都有尖尖的趾甲，不像马、牛、羊那样，是较为阔大的蹄子。

有时候，我也用来借指形状像爪子的物件之腿。"三爪锅"就是这种用法。

我和牙是同类性质的事物，都很尖利，能够抓伤或者咬伤别人。我们组成"爪（zhǎo）牙"一词，用来借指坏人的党羽和帮凶。

我最常做的动作是"抓"。不管是用手抓，还是用爪子抓，总希望能在这个世界上留下一点痕迹。

"颜色类相似，手爪不相如。"[出自汉·佚名《上山采蘼（mí）芜（wú）》]

"泥上偶然留趾爪，鸿飞哪复计东西？"（出自宋·苏轼《和子由渑池怀旧》）

很多古诗词里都有我的身影。

我来造字

我们这个家族的汉字，主要和手爪有关。

我通常把我朋友揽到我怀里，有时候也跑到其他位置。

因为我是以"爪"字的身份做偏旁，所以大家都叫我"爪字旁"。

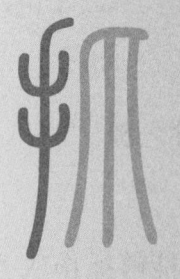

小篆

抓
隶书

我遇到提手旁（扌），
就变成了"抓"字。

瓟（pì）瓜抓枣，一剖两半，
一抓一把。

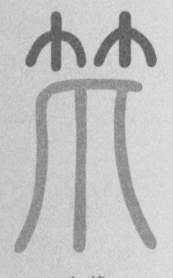

小篆

笊
隶书

遇到竹字头（⺮），
就变成了"笊"字。

笊（zhào）篱（li）似漏勺，
能捞物，能控水。

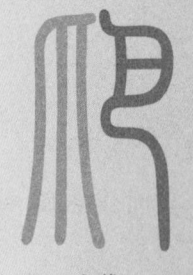

小篆

爬
隶书

遇到"巴"字，
就变成了"爬"字。

我们爬山，猫爬树，爬山虎
爬墙。

采字头

我是采字头。
我长这个样子：

打字的时候，你打 "zhuǎ"，我就会现身。

我的祖先很酷。它们长这个样子：

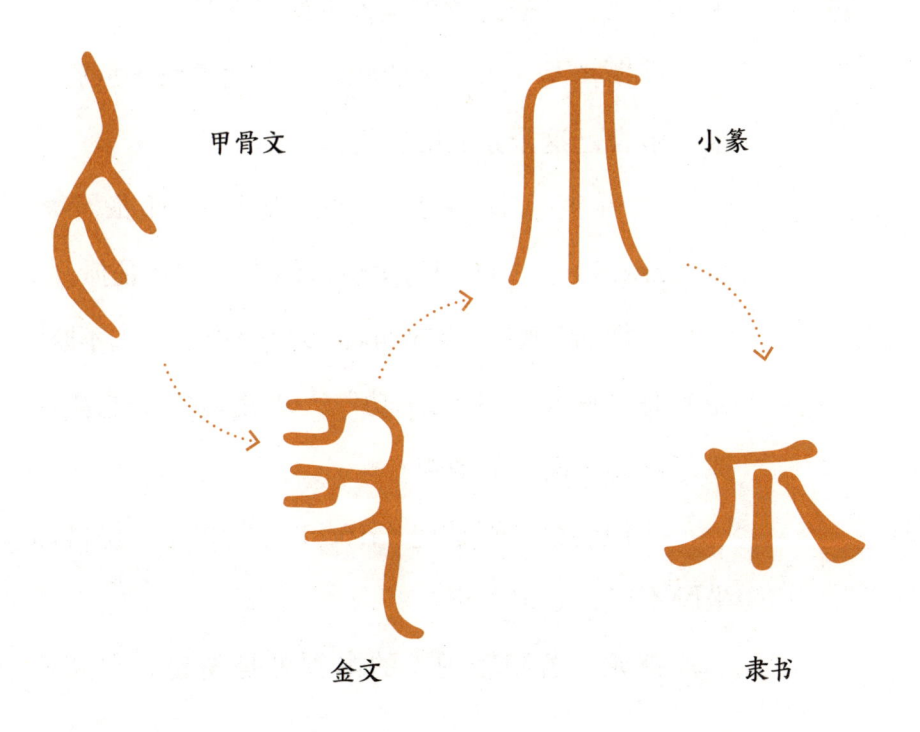

甲骨文

小篆

金文

隶书

你看我的甲骨文祖先,像不像尖利的鸟爪?金文祖先的爪子上,是不是还画出了趾(zhǐ)甲?

后来,是不是慢慢演变成了两撇一竖和一捺?

到了我这一辈,是不是最终演变成了一撇两点和另外一撇?

我的故事

我呀,其实就是那个"爪"字,是它分化出来的写法,最初的意思是人爪或者鸟爪。

我既然是"爪"字的变体,自然也属于爪族,很了解自己这个家族的特性。

"鱼生三日游于江湖,龙生三日张牙舞爪(zhǎo)。"我们与生俱来的本领,就是抓。

我们的"抓功"世界闻名,无人不知,无人不晓。尤其是"鹰爪(zhǎo)功",更是厉害,能徒手抓起浮在水面上的葫芦。

我们还会"百爪挠(náo)心"之功,挠得你坐卧不安,心神不宁。

神龙"若隐若现"的本领更是高超。它隐于

云中，只露一鳞（lín）半爪（zhǎo），让人看不到全貌，勾起无限想象。

古时候，南洋有个国家，叫"Java"。自从它的名字音译成了"爪哇国"，我们之间就有了撇不开的关系。它远在海外，缥缈（miǎo）难至。人们常用它来借指遥远之地和虚无之地。

曾经的爪哇国，后来并入印度尼西亚，神秘的古国离我们越来越遥远了。如果想凭吊古迹，可以去现今南洋群岛上的爪哇岛。

"见（xiàn）爪苍龙古，颦（pín）眉古佛寒。"［出自宋·毛滂（pāng）《十月十日访琳道人于禅静寺》］

"上有独栖鹊，细爪握高枝。"（出自宋·陆游《夜汲》）

这些古诗词里的"爪"字，让我感到非常亲切，同时跟着沾染了一番诗意。

我来造字

我们这个家族的汉字，主要和手有关。

我总是待在我朋友的头上。

因为"采"字是我们这个家族的常见字，我是"采"字之头，所以大家都叫我"采字头"。

小篆

孚

隶书

我遇到"子"字,
就变成了"孚(fú)"字。

"孚"的意思是符合期望,使人信服。深孚众望,意思是特别符合众人的期望,为大家所信服。深负(fù)众望,则是严重背离群众的期望。

小篆

采

隶书

遇到"木"字,
就变成了"采"字。

西周时期,诸侯的封地叫"封国",卿(qīng)大夫的封地叫"采(cài)邑",士的封地叫"食田"。猴子没有封地,靠采(cǎi)摘野果生活。

小篆

舀
隶书

遇到"臼（jiù）"字，
就变成了"舀（yǎo）"字。

用舀子舀水。

小篆

妥
隶书

遇到"女"字，
就变成了"妥（tuǒ）"字。

决不妥协。

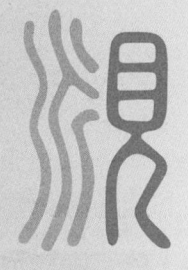

小篆

觅
隶书

遇到"见"字，
就变成了"覓（mì）"字。

鸟兽觅食，寻寻觅觅。
"觅"是"覓"的简化字。"覓"
和"覔"原本都是"覗"的异
体字，后来"覓"变成了正体字，
继而简化成了"觅"。

釆字旁

我是釆（biàn）字旁。
我长这个样子：

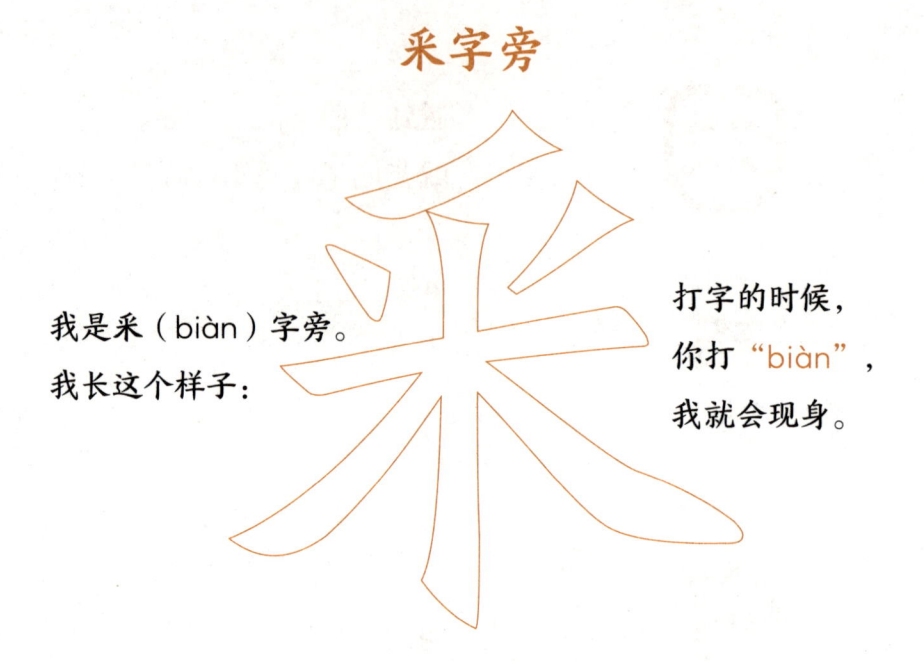

釆

打字的时候，
你打"biàn"，
我就会现身。

我的祖先很酷。它们长这个样子：

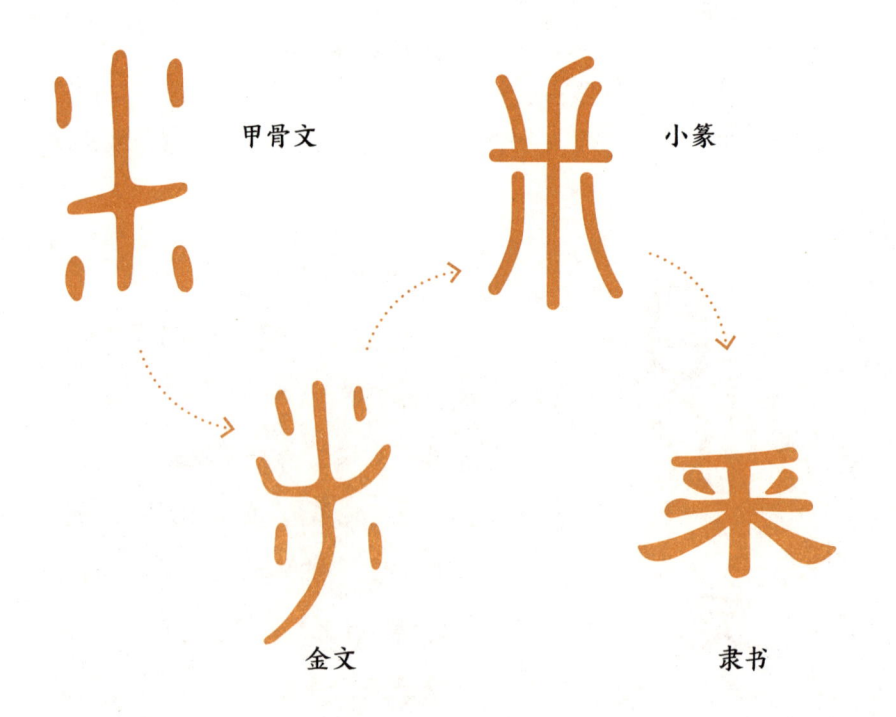

甲骨文

小篆

金文

隶书　采

你看我的甲骨文祖先，像不像是一个"米"字形的野兽蹄子？周围那四个小点，是不是代表同一蹄子上的四个蹄爪？中间那一横一竖，是不是代表四个蹄爪之间的蹄缝？

后来，是不是慢慢演变成了一撇和一个"米"字？

我的故事

我呀，其实就是那个"釆"字，最初的意思是兽蹄，也就是兽足。

我的甲骨文祖先和"米"字非常相似。为了和"米"字相区分，金文祖先当中的一竖向左边甩了一下尾巴，小篆祖先当中的一竖向右边歪了一下头，隶书祖先干脆变成了一撇和一个"米"字。

我和"采果子"的"采"字非常相似。不细看，往往会把我当成了它，或者把它当成了我。

它的笔画是一撇一点、一点一撇和一个"木"字。虽然外观看起来和我相似，实则区别很大。

北宋时期，丁度等人编纂（zuǎn）的《集韵》说我是"兽悬蹄"。此言极是！

野猪、野牛、野羊和野鹿之类的野兽，共有四个蹄子。每个蹄子都有四个蹄爪。前两个蹄爪大而着地，是主蹄，也叫"践蹄"。后两个蹄爪小而悬空，是副蹄，也叫"悬蹄"。蹄爪之间的缝隙，即为蹄缝。每个蹄子的四个蹄爪和蹄爪之间的蹄缝，正好组成一个"米"字形。

不同的野兽走在地上，会留下不同的蹄印。传说黄帝的史官仓颉（jié），就是受到鸟兽足迹启发而开始造字的。

猎人打猎时，通过观察野兽留下的蹄印，就能判断出野兽的种类和去向。我因而又引申为分辨和辨别等意思。

《说文解字》里说："兽足谓之番（fán）。"当我做了偏旁以后，人们另造一个"番"字，代替我来表达兽足这层意思。

当"番"字引申为外国、外族和次数等意思，读音跟着变成"fān"以后，人们又另造一个"蹯（fán）"字，代替它来表达兽足这层意思。"王请食熊蹯而死"里的"熊蹯"，指的就是熊足，也就是熊掌。

"竹批双耳峻，风入四蹄轻。"（出自唐·杜甫《房兵曹胡马诗》）

"江春不肯留归客，草色青青送马蹄。"（出自唐·刘长卿《送李判官之润州行营》）

这些古诗词里的"蹄"字，让我感到非常亲切，同时跟着沾染了一番诗意。

我来造字

我们这个家族的汉字，主要和兽足有关，和分辨有关。

我总是待在我朋友的左边或者头上。

因为我是以"采"字的身份做偏旁，所以大家都叫我"采字旁"。

小篆

悉

隶书

我遇到"心"字，
就变成了"悉"字。

悉心照料，不敢疏忽。悉数奉还，一个不留。

小篆

番

隶书

遇到"田"字，
就变成了"番"字。

他在番（pān）禺（yú）有块地，三番（fān）五次发现野兽足迹。

释
小篆

释
隶书

遇到"又"字和两横一竖,
就变成了"释"字。

解释生字,注释古籍。
"释"是"釋"的简化字。

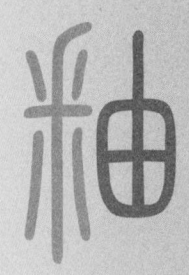

釉
小篆

釉
隶书

遇到"由"字,
就变成了"釉(yòu)"字。

釉面砖上放着一只釉彩瓶。

肉字旁

我是肉字旁。
我长这个样子：

打字的时候，你打"ròu"，我就会现身。

我的祖先很酷。它们长这个样子：

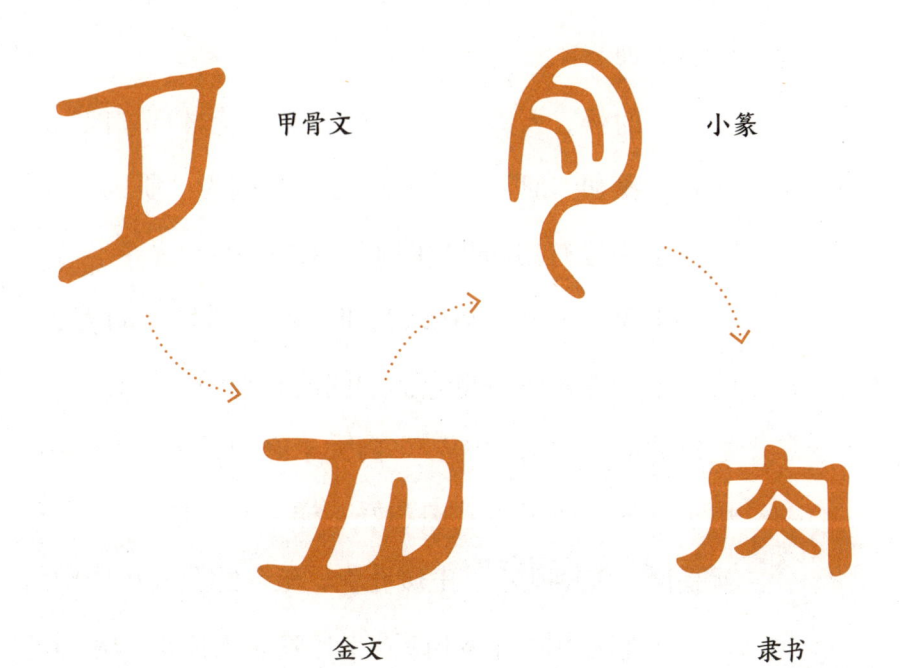

甲骨文

小篆

金文

隶书

你看我的甲骨文祖先，像不像带有肋骨的半劈子猪肉？金文祖先身体里的肋骨，是不是增加到了两根？

到了我这一辈，是不是最终演变成了一竖、一个横折钩和两组"一撇一点"？

我的故事

我呀，其实就是那个"肉"字，最初的意思是猪肉之类的动物肉。

也有人说，我的祖先看起来像摆放在那里的肉块。里边那些笔画，并不是肋骨，而是肉块表面的纹理。

古时候，人肉为"肌"，鸟兽之肉才叫"肉"。后来，我和"肌"字合在一起，统称为"肌肉"。

水果也有肉，叫"果肉"。果肉多汁，营养丰富。

玉璧、玉瑗（yuàn）和玉环，都是中间有孔的玉器。古人习惯将它们中间的孔称为"好"，孔之外的部分称为"肉"。肉大于好的，是玉璧。肉小于好的，是玉瑗。肉和好一样大的，是玉环。也就是说，玉璧孔小，玉瑗孔大，玉环的孔大小居中。

人们常用"骨肉相聚"来比喻亲人团聚，用"骨肉相连"来形容关系密切、难以分离。

"鱼肉百姓",则是把百姓视为鱼肉,任意宰割,任意欺凌。

近身搏斗时,总是免不了肌肉相触。人们称之为"肉搏"。

"人为刀俎(zǔ),我为鱼肉。"我通常以弱者的身份出现,成为"弱肉强食"的诠(quán)释者。如果能够延续饥者的生命,也算是死得其所吧。

我深知灵魂的重要。没有灵魂的支撑,只能成为别人口中的美食。

我希望大家都有向往,有追求,千万别做"行尸走肉"之人。

"朱门酒肉臭,路有冻死骨。"(出自唐·杜甫《自京赴奉先县咏怀五百字》)

"元无肉食相,且作地行仙。"(出自宋·陆游《山园杂赋》)

很多古诗词里都有我的身影。

我来造字

我们这个家族的汉字,主要和肌肉有关。

我总是待在我朋友的脚下。

因为我是以"肉"字的身份做偏旁,所以大家都叫我"**肉字旁**"。

小篆

隶书

我遇到"此"字,
就变成了"骴(zì)"字。

掩骼(gé)埋骴,掩埋带有骨骼和腐肉的尸体。

小篆

胬

隶书

遇到"奴"字,
就变成了"胬(nǔ)"字。

胬肉攀睛,横贯白睛,攀侵黑睛,遮住角膜。胬肉是眼球结膜增生而凸起的肉状物。

小篆

胾

隶书

遇到"截"字,吓飞短尾鸟,
就变成了"胾(zì)"字。

胾是切好的大块肉。

小篆

脔
隶书

遇到"鸾(luán)"字,
吓飞鸟儿,
就变成了"脔(luán)"字。

脔是切好的小块肉。
"脔"是"臠"的简化字。

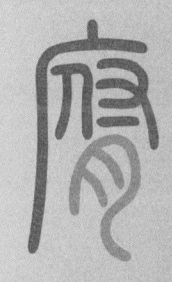

小篆

腐
隶书

遇到"府"字,
就变成了"腐"字。

肉烂为腐,物腐则臭。

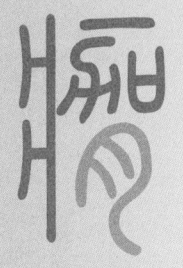

小篆

瘸
隶书

遇到"痂(jiā)"字,
就变成了"瘸(qué)"字。

一瘸一拐。

肉月旁

月

我是肉月旁。
我长这个样子：

打字的时候，
你打"yuè"，
我就会现身。

我的祖先很酷。它们长这个样子：

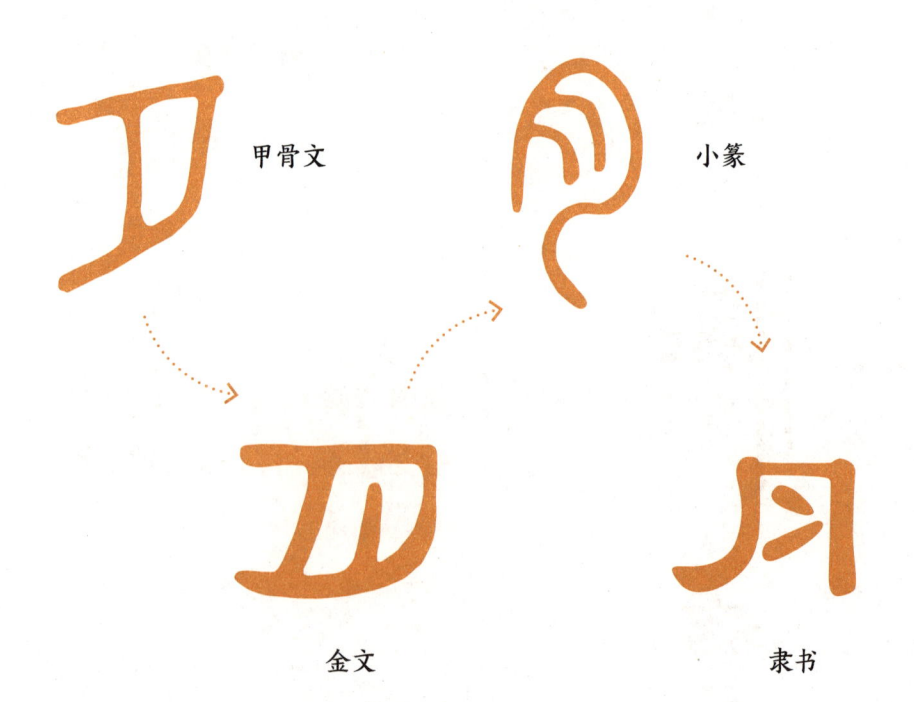

甲骨文

小篆

金文

隶书

你看我的甲骨文祖先，像不像摆放在那里的肉块，或者是带有肋骨的半劈子猪肉？它身上那一竖，是不是代表肉块表面的纹理或者肋骨？金文祖先身上的纹理或者肋骨，是不是增加到了两道或者两根？

到了我这一辈，是不是最终演变成了一撇、一个横折钩和两横？

我的故事

我呀，其实就是那个"肉"字，是它分化出来的写法，最初的意思是猪肉之类的动物肉。

我的小篆祖先和"月"字的小篆祖先，几乎一模一样。它们的外廓（kuò），都像倒立的秤（chèng）钩。

我的小篆祖先外廓里那些笔画，行笔弧度较大，更像两个圆弧，代表的是两道肌肉纹理或者两根肋骨。

"月"字的小篆祖先外廓里那些笔画，行笔略带一点弧度，更像两个短竖，代表的是月光和月弦。

以前做偏旁的时候，我和"月"字虽然形似，但是各有各的写法。

我的笔画是四笔：撇、横折钩、点、提。

我看起来像是由一个长撇和一个瘦"习"字组成，点和提悬浮在肚子里，同左右两边互不拈（niān）连，写成下面这个样子：𠛬。

"月"字的笔画也是四笔：撇、横折钩、横、横。

它肚子里的两横都与左撇相连，右不封口，写成下面这个样子：月。

后来，人们干脆把我们整合成同一种写法：撇、横折钩、横、横。

我们开始合二为一，肚子的两横与左右两边互连，牢牢封起口来，统一写成了"月"字。

"酒如君子厚，月似故人明。"（出自宋·郭印《七月十三日对月小集》）

"爱我如骨肉，诲（huì）我如师友。"（出自宋·度正《奉别唐寺丞丈一首》）

这些古诗词里的"月"字和"肉"字，让我感到非常亲切，同时跟着沾染了一番诗意。

我来造字

如今大家遇到的以"月"字为偏旁的汉字,很多和月亮并没有直接的关系。它们当中的大多数,都是我们这个家族的汉字,主要和肌肉有关,和身体有关。

我通常待在我朋友的左边,有时候也跑到其他位置。

我虽然化身为"月"字,但实际上是以"肉"字的身份做偏旁,大家都习惯叫我**肉月旁**。

小篆

肌
隶书

我遇到"几"字,
就变成了"肌"字。

肌肉结实,肌体健康。

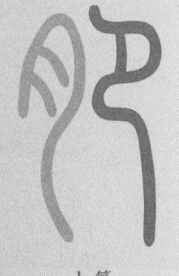

小篆

肥
隶书

遇到"巴"字,
就变成了"肥"字。

身体肥胖。裤子肥大。土地肥沃。

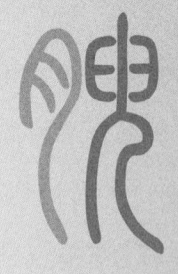

小篆

腴
隶书

遇到"臾（yú）"字，
就变成了"腴（yú）"字。

体态丰腴，牛羊肥腴。

小篆

腹
隶书

遇到"复"字，
就变成了"腹"字。

大腹便便（pián）。

小篆

臂
隶书

遇到"辟"字，挺直腿脚，
就变成了"臂"字。

三头六臂。

黾字旁

我是黾字旁。
我长这个样子：

打字的时候，
你打"měng"，
我就会现身。

我的祖先很酷。它们长这个样子：

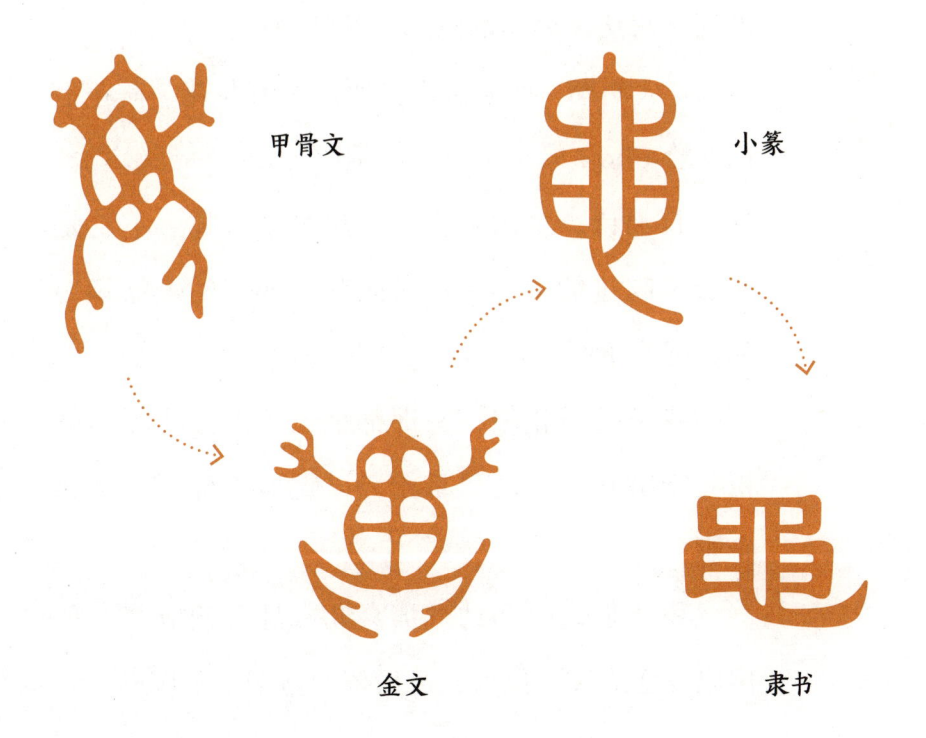

甲骨文

小篆

金文

隶书

你看我的甲骨文祖先，像不像是长有大肚子，四足善跳的青蛙？

到了我这一辈，是不是最终演变成了一个"口"字和一个"电"字？

我的故事

我呀，其实就是那个"黾"字，是"黽（měng）"的简化写法，最初的意思是蛙类动物。

"大明湖，明湖大。大明湖里有荷花，荷花上面有蛤（há）蟆（ma），一戳（chuō）一蹦跶。"这首打油诗，虽然粗俗，但也生动有趣。不论是被公主吻过的青蛙，还是想吃天鹅肉的癞蛤蟆，和我都属于同类。

我和蛇类相似，头部都呈三角形。我的小篆祖先干脆只保留两只爪子，以蛇形代替了头尾和身躯。

我还是蝌蚪和幼蛙那会儿，身后就拖着一条尾巴。变成汉字以后，身后依旧拖着一条尾巴。

我前腿短，后腿长，擅长"蛙跳"，是著名的运动健将。

我有雌雄之分。身为雄性时，我还是著名的男高音歌唱家。鸣叫时，总是鼓足力气，很有气势。

我的第二个读音为"mǐn"。"黾（mǐn）勉"这个词语，是形容一个人努力做事，如同我们蛙类鼓肚鸣叫一样尽力。

"水黾（mǐn）"的名字里也有我。不过，它不是蛙类，而是昆虫。它的身体细长，呈黑褐色。头部两侧有两条粗壮的短腿，用于捕捉猎物。身体两侧有四条长腿，比身体还长，用于水面划行。身上还有翅膀，会飞。

我的第三个读音为"miǎn"。"黾（miǎn）池"是古代的一个水池，因池内生有蛙黾（měng），取谐（xié）音而得名。水池所在之地，即后来的"渑（miǎn）池"，也就是秦赵两国"渑池之会"的"渑池"。

"急雨何方来，清声杂蛙黾。"（出自元·吕诚《洪武庚申夏四月登玉山顶》）

"折腰五斗间，黾勉随尘埃（āi）。"[出自唐·刘长卿《硖（xiá）石遇雨宴前主簿从兄子英宅》]

很多古诗词里都有我的身影。

我来造字

我们这个家族的汉字，主要和蛙类动物有关。

我通常待在我朋友的右边，有时候也跑到其他位置。

因为我是以"黾"字的身份做偏旁，所以大家都叫我"黾字旁"。

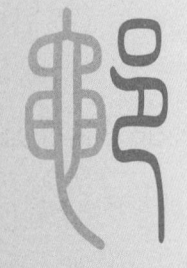

小篆

鄳

隶书

我遇到右耳旁（阝），就变成了"鄳"字。

鄳（méng）阨（è）为古隘（ài）道，狭窄而险要。

"鄳"是"鄳"的简化字。

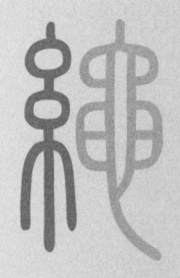

小篆

绳

隶书

遇到绞丝旁（纟），就变成了"绳"字。

直如朱丝绳，清如玉壶冰。

小篆

蝇 隶书

遇到"虫"字，
就变成了"蝇"字。

蜗角虚名，蝇头微利。

小篆

鼋 隶书

遇到"元"字，
就变成了"鼋（yuán）"字。

鼋似龟而吻短。鼋鸣鳖应，声气相通。

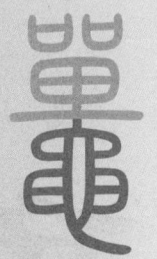

小篆

鼍 隶书

遇到"田"字、一横和两个"口"字，就变成了"鼍（tuó）"字。

鼍为扬子鳄。虎啸夜林动，鼍鸣秋涧寒。

鱼字旁

我是鱼字旁。
我长这个样子：

鱼

打字的时候，
你打"yú"，
我就会现身。

我的祖先很酷。它们长这个样子：

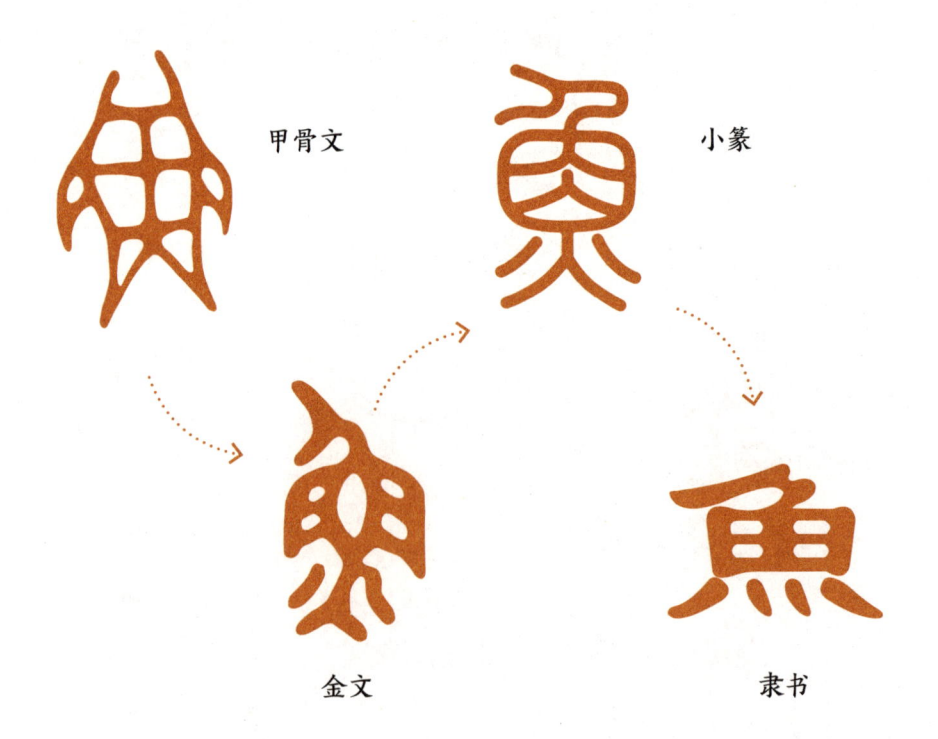

甲骨文

小篆

金文

隶书

你看我的甲骨文祖先，像不像头、尾、鳞（lín）、鳍（qí）俱全的鱼形？金文祖先身上的鱼头和鱼嘴，是不是省写成了树杈形状？鱼尾两侧那个"八"字，是不是象征着鱼尾可以左右摆动？

到了我这一辈，是不是最终演变成了一撇、一个横钩、一个"田"字和一横？

我的故事

我呀，其实就是那个"鱼"字，是"魚"的简化写法，最初的意思是鱼类动物。

"鱼不可脱于渊（yuān）。"人们常用"鱼水情"来形容感情深厚，相互依存。

我是富足和吉祥的象征。人们总是期冀（jì）"年年有余（鱼）"，渴望生活在"鱼米之乡"。

我还是书信的象征。古有"鱼雁传书"和"鱼传尺素"之说。

有一种马和我重名，也叫"鱼"。"二目白，曰鱼。"不知它是白眼珠呢，白睫毛呢，还是白眼圈？据说这种马就是环眼马，是一种最差的马。

我曾有过惊心动魄（pò）的时刻。勇士专诸将匕首藏在我肚子里，成功刺杀了吴王僚（liáo）。后人将这把匕首称为"鱼藏剑"，也叫"鱼肠剑"。

孟春之月，东风解冻，蛰（zhé）虫始振。我们嗅（xiù）到了早春气息，开始从水底上升到冰层之下活动。人们将这一现象称为"鱼上冰"，并用这一词语借指正月早春时令。因为那些浮冰看起来像是背在我们背上一样，所以也叫"鱼陟（zhì）负冰"。

《关尹子》曰："以盆为沼（zhǎo），以石为岛，鱼环游之，不知其几千万里而不穷也。"典故"鱼千里"和"鱼游千里"，即出于此。人们常用它来比喻徒然无益地追求不止，或者表示圣人之道循（xún）环往复，无有穷尽。

惠子曰："子非鱼，安知鱼之乐？"

庄子曰："子非我，安知我不知鱼之乐？"

我说："你们先辩论着，我玩我的'鱼上冰'和'鱼千里'游戏去啦！"

"细雨鱼儿出，微风燕子斜。"[出自唐·杜甫《水槛（jiàn）遣心二首》]

"潭清疑水浅，荷动知鱼散。"（出自唐·储光羲《钓鱼湾》）

很多古诗词里都有我的身影。

我来造字

我们这个家族的汉字，主要和鱼类有关。

我通常待在我朋友的左边，有时候也跑到其他位置。

因为我是以"鱼"字的身份做偏旁，所以大家都叫我"鱼字旁"。

小篆

鲜
隶书

我遇到"羊"字，
就变成了"鲜"字。

鲜（xiān）竹酒，竹里酿（niàng），
鲜（xiǎn）有此酒。

小篆

鳍
隶书

遇到"耆（qí）"字，
就变成了"鳍（qí）"字。

鱼有鱼鳍，鸟有鸟翅。

小篆

鳞

隶书

遇到"麟（lín）"字，
惊跑鹿，
就变成了"鳞（lín）"字。

天上鱼鳞云，地上雨淋淋。

小篆

鲁

隶书

遇到"曰"字，
就变成了"鲁"字。

鲁先生不鲁莽。鲁菜很好吃。

选自褚遂良书《孟法师碑》

鲁践其户庭若披云
而见日允所谓天挺才
明人宗摸楷者已随高
祖文皇帝闻风而悦徵
赴京师亦既来仪居于

名帖赏析

褚（chǔ）遂（suì）良，字登善，钱塘（今浙江杭州）人。他初学欧阳询，继学虞世南，终法王羲之，融汇汉隶，自创"褚体"。《孟法师碑》，全称为《京师至德观主孟法师碑》，系褚遂良47岁时的楷书作品，气势流动，起伏顿挫，富于变化。

鼠字旁

我是鼠字旁。
我长这个样子：

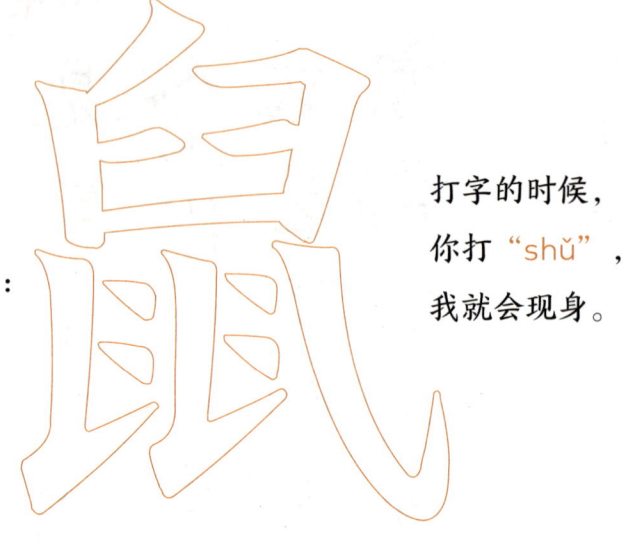

打字的时候，
你打"shǔ"，
我就会现身。

我的祖先很酷。它们长这个样子：

小篆

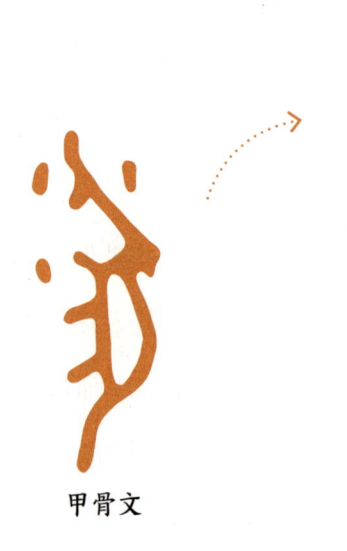

甲骨文

隶书

你看我的甲骨文祖先，像不像正张着嘴，用尖牙啃东西的老鼠？周围那几个小点，是不是代表老鼠咬掉的碎屑（xiè）？

到了我这一辈，头部是不是慢慢演变成了一个"臼（jiù）"字，更加突出了牙齿的咬啮（niè）功能？前后两爪是不是都演变成了一个竖提和两点？鼠身和鼠尾是不是演变成了一个斜钩？

我的故事

我呀，其实就是那个"鼠"字，最初的意思是啮齿类动物老鼠。

我最大的烦恼，是牙齿不停地生长，影响嘴巴合拢。我只好见什么啃什么，尽量把牙齿磨得短一些。因为我善于损耗物品，人们给我送了个外号，叫"耗子"。

我在人类眼里的形象糟透了。凡是与我沾边的词语，感觉都不怎么样。像什么"贼眉鼠眼"啦，"鼠目寸光"啦，"胆小如鼠"啦，"抱头鼠窜"啦，我就不一一列举了。

我晚上十一时到凌晨一时最为活跃。这个时段正好与"十二时辰"之一的子时相对应。人们习惯称我为"子鼠"，将我列为"十二生肖"之首。

这多多少少弥补了"老鼠过街，人人喊打"的遗憾。

我经常往牛角里钻。虽然路越走越窄，但是收获了一个成语——鼠入牛角。

有个人想扔东西打我，又怕打坏了近旁的器物。虽然心有顾忌，没敢动手，但是也收获了一个成语——投鼠忌器。

有个人丢了羊，跑到我的洞里来寻找。虽然方法不对，没有找到，但是同样收获了一个成语——鼠穴寻羊。

《诗经·小雅·雨无正》里说："鼠思泣血，无言不疾。"这里面的我，是"癙（shǔ）"字的通假字，意思是忧郁、忧伤。结合原文来理解，这两句诗的意思是说："闻听此言我忧虑至极，没有一句话不痛彻心扉（fēi）。"

"鼠窥（kuī）寒灶瓮（wèng），虫响旅人窗。"（出自清·阎修龄《寓崇福观雨夜怀茶坡》）

"心如山上虎，身若仓中鼠。"（出自唐·曹邺《东武吟》）

很多古诗词里都有我的身影。

我来造字

我们这个家族的汉字，主要和鼠类动物有关。

我总是待在我朋友的左边。

因为我是以"鼠"字的身份做偏旁，所以大家都叫我"鼠字旁"。

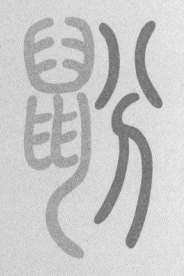

小篆

鼢
隶书

我遇到"分"字,
就变成了"鼢(fén)"字。

鼢鼠潜行地中,起土如耕。

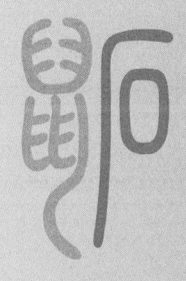

小篆

鼫
隶书

遇到"石"字,
就变成了"鼫(shí)"字。

鼫鼠五能,不成一技。鼫鼠即蝼蛄,也叫"五技鼠":能飞不能过屋,能缘不能穷木,能游不能渡谷,能穴不能掩身,能走不能先人。

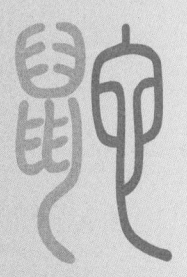

小篆

鼧
隶书

遇到"它"字,
就变成了"鼧"字。

鼧(tuó)鼥(bá)就是土拨(bō)鼠,形似水獭(tǎ),又叫"旱獭"。

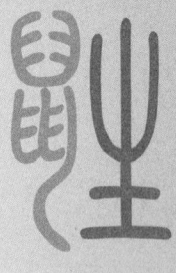

小篆

鼪
隶书

遇到"生"字，
就变成了"鼪"字。

鼪（shēng）鼬（yòu）之径，是黄鼠狼所走的小路，借指偏僻荒凉的小道。

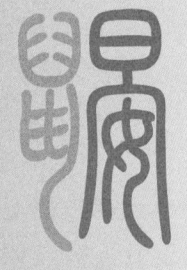

小篆

鼹
隶书

遇到"晏（yàn）"字，
就变成了"鼹（yǎn）"字。

鼹鼠饮河，不过满腹。

小篆

鼯
隶书

遇到"吾"字，
就变成了"鼯（wú）"字。

鼯鼠从高处滑翔到低处。

龟字旁

我是龟字旁。
我长这个样子：

龟

打字的时候，
你打"guī"，
我就会现身。

我的祖先很酷。它们长这个样子：

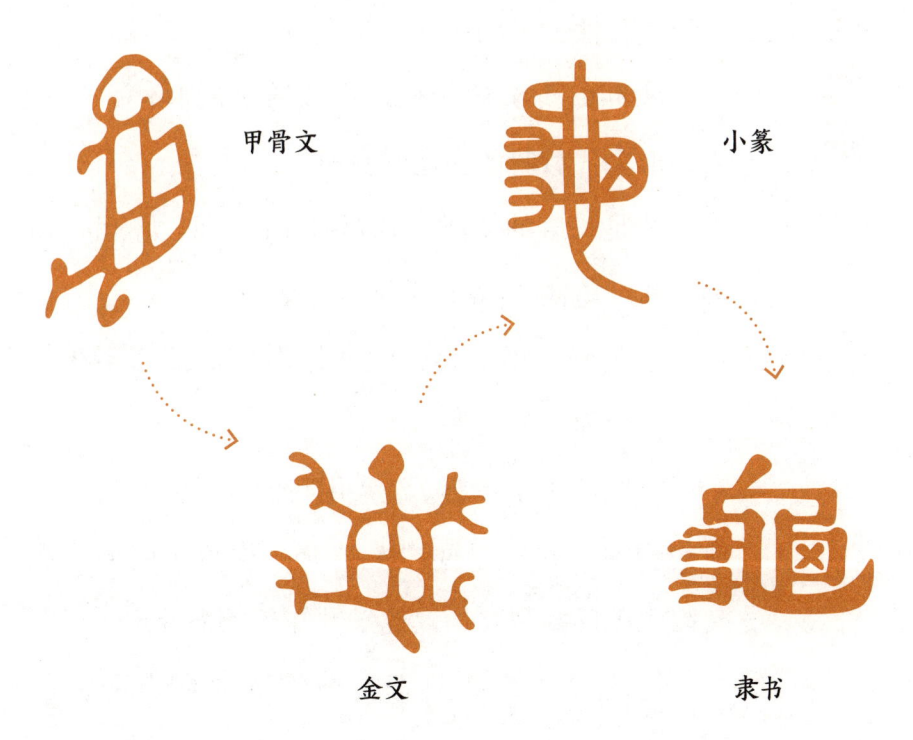

甲骨文

小篆

金文

隶书

你看我的甲骨文祖先和金文祖先，像不像头、壳、足、尾俱全的乌龟？小篆祖先和隶书祖先，是不是都只保留背壳和两只爪子，以蛇形代替了头尾和身躯？

到了我这一辈，是不是最终演变成了一撇、一个横钩、一竖、一个横折和两横、一个竖弯钩？

我的故事

我呀，其实就是那个"龟"字，是"龜（guī）"的简化写法，最初的意思是乌龟。

我和蛇类头尾相似。古人造字的时候，干脆用蛇形来代替我的头尾和身躯。

我是长寿的象征，古有麟（lín）、凤、龙、龟"四灵"和"龟鹤（hè）延年"之说。

"龟长于蛇"，是说"蛇形虽长而命不久，龟形虽短而命甚长"。

古代的王室贵族，经常用我们的甲壳来占卜。他们吩咐卜官，通过灼（zhuó）烧龟甲阴面，观察阳面出现的裂纹，以此来预知吉凶祸福。

占卜结束，还要把占卜情况形成卜辞，用

契（qì）刀刻写在龟甲上。这些刻在龟甲或者兽骨上的卜辞，就是"甲骨文"，也叫"契文"，是中国现存的最古老的文字。

如果一人多次问卜，把我问烦了，我就不会再对其示以吉凶。人们称之为"龟厌不告"。

我的脊背上裂纹纵横，形似土地干裂。"皲（jūn）"字时常假借我的形象，由我代替它来表达开裂这层意思。我因而还有个读音为"jūn"，组成词语就是"龟裂"。

除了"guī"和"jūn"，我还有个读音为"qiū"。龟（qiū）兹（cí）是神秘的、充满魅（mèi）力的西域（yù）古国。

我走路速度很慢。人们形容走路缓慢的人是"龟行"。《龟兔赛跑》这则寓言，讲的就是我克服先天不足，战胜长跑天才兔子的故事。

我遇到危险的时候，会把头尾和四肢缩到甲壳内。人们把我这种自我保护的行为视为胆怯，故有"缩头乌龟"之说。还有人将其称为"龟藏六"，简称"藏六"，用来比喻深居简出或者隐藏才华，避免惹祸上身。

"进即龟龙瑞，退当江海闲。"（出自宋·余靖《送薛秀才归乡》）

"池静龟升树，庭荒鹤（hè）隐花。"［出自唐·张蠙（pín）《费征君旧居》］

很多古诗词里都有我的身影。

我来造字

我们这个家族的汉字，主要和龟类动物有关。我的朋友少之又少，可谓是凤毛麟角。

因为我是以"龟"字的身份做偏旁，所以大家都叫我"龟字旁"。

小篆

鳖

隶书

我遇到"敝"字，就变成了"鳖（biē）"字。

"鼈"和"鳖"原本都是"鼇"的异体字，后来"鳖"变成了正体字，继而简化成了"鳖"。鳖即甲鱼，背壳上有软皮。

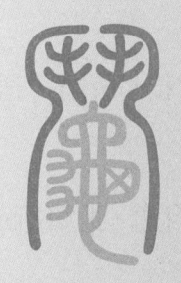

小篆

阄

隶书

遇到"门"字，就变成了"阄（jiū）"字。

抓阄做选择，定胜负，看谁运气好。话里藏阄，话里藏着哑谜，需要慢慢去猜。